# Bien lire, bien écrire – *Livre d...*

## Pour une utilisation dans le cadre du Programme du diplôme de l'IB: Français B

M000107082

## Sections

Section 1 – Descriptive / Informative / Explanatory

Section 2 – Narrative / Narrative descriptive

Section 3 – Formal letters

Section 4 – Persuasíve texts

Section 5 – Argumentative texts

# Contents

## Section 1 – Descriptive / Informative / Explanatory

# Contents

## Section 2 – Narrative / Narrative descriptive

# Section 3 – Formal letters

| Unit | Theme | Grammar / functional focus | Preliminary grammar revision needed | Writing skill | Page no. |
|---|---|---|---|---|---|
| **10 Lettre de candidature** | Communication & media | – *après avoir* + past participle<br><br>– formal register | – perfect tense | – imagining dialogues<br><br>– organising information | **p76** |
| **11 Lettre commerciale** | Communication & media | – subjunctive after *bien que* and *il est impératif que*<br><br>– setting out conditions | – forms of the subjunctive (regular and *être*) | – expanding from notes / instructions | **p83** |
| **12 Lettre de réclamation** | Communication & media / Leisure | – nominalisation<br><br>– *devoir*, complaining | – perfect subjunctive | – explaining events and their consequences | **p90** |

# Section 4 – Persuasive texts

# Model essay                                                                  p96

| Unit | Theme | Grammar / functional focus | Preliminary grammar revision needed | Writing skill | Page no. |
|---|---|---|---|---|---|
| **13 Une question de santé** | Health | – infinitival constructions<br><br>– giving reasoned advice | – present tense irregular verbs | – explaining reasons and consequences | **p98** |
| **14 Une question de moralité** | Science & Technology | – suggestions using *nous* form of verb as an imperative<br><br>– expressing bias | – modals + infinitive<br><br>– verb + *à / de* + infinitive | – marshalling arguments | **p106** |
| **15 Discours** | Communication & media | – nominalisation<br><br>– using rhetorical figures | – present tense | – organising persuasive arguments | **p113** |

✗ DO NOT PHOTOCOPY

# Contents

## Section 5 – Argumentative texts

| Unit | Theme | Grammar / functional focus | Preliminary grammar revision needed | Writing skill | Page no. |
|------|-------|---------------------------|-------------------------------------|---------------|----------|
| 16 Vacances: paradis ou enfer? | Leisure | – subjunctive after expressions of emotion | – present tense of irregular verbs<br><br>– present subjunctive | – organising contrasting sections of a text | p125 |
| 17 Voitures: pour ou contre? | Global issues | – nominalisation<br><br>– persuading | | – creating a balanced argument | p135 |
| 18 Football féminin: pour ou contre? | Leisure | – expressing facts and opinions | – present tense | – formulating a viewpoint from two sides | p144 |

# Introduction

Welcome to ***Bien lire, bien écrire – Livre de l'étudiant***. This book is designed to help you to develop the skills to write clearly and coherently in a range of styles and registers and for different audiences. The book will introduce you to different text types and help you to get to know what characterises them. Most importantly of all, each unit will prepare you step by step to write texts of your own.

When writing it is very important to plan, draft, re-write, move around blocks of text, change words, redraft, discuss your progress, delete or add elements, etc. All of these form part of the process of writing. The exercises in this book encourage you to work together in small groups, to share your ideas and to discuss your drafts at each stage. This process will help you to think about the process of writing and to train you in the skills that you need to write good texts of your own.

## Text types

The texts in *Bien lire, bien écrire – Livre de l'étudiant* are divided into five sections as follows:

1  **Descriptive / Informative / Explanatory texts**

2  **Narrative / Narrative descriptive texts**

3  **Formal letters**

4  **Persuasive texts**

5  **Argumentative texts**

Below is an explanation of what characterises each of these types and makes it different from the others.

## Descriptive texts

In these texts, you are most likely to find verbs in the present and imperfect tenses. You are unlikely to find the narrative tenses (past historic, perfect). You will usually find examples of connectors and co-ordinators (such as *et, mais*). There will be subordination and relative clauses in particular. Vocabulary will be both concrete and abstract. Adjectives will play an important part in the text. Dependent descriptions will form part of longer texts such as novels. Independent descriptions will be found in such documents as tourist brochures.

## Informative texts

Texts in this category explain, guide, offer advice, expound, summarise and forecast. They are characterised by affirmative statements, or more rarely, negative statements. The tenses you are most likely to find are the present and the future, although past tenses may be used to explain the historical roots of a situation. Vocabulary may be a mixture of the concrete and the abstract. Subordination may be present and logical connectors (such as *si, bien que, au cas où*) appear. Some texts explain cause and effect. These may be classified as explanatory texts.

## Narrative texts

These are texts in which events follow each other in chronological or near-chronological order. There is usually little description, and there may be few examples of subordination. The content is essentially concrete, and indications of time may be frequent. The tenses will be those of narration, i.e. mainly the present, the perfect and the past historic. Few purely narrative texts exist. Rather, narrative tends to be mixed with description, and so the text takes on certain characteristics of the descriptive text (e.g. use of present and imperfect tenses). These texts are classified as narrative descriptive. The novel, the biography and the autobiography are typical examples.

## Formal letters

As their name suggests, these kinds of letters are written to a certain form or formula. This is a text type in which conventions are observed.

These include the layout on the page and the formality of the language. Many set phrases are used. To deviate from this style is to make the letter less formal.

## Persuasive texts

These are texts whose aim is to put over a particular viewpoint. Only one side of an argument is presented. If opposing viewpoints are mentioned, it is with a view to demolishing or belittling such opinions. Examples of persuasive texts include advertising texts, political propaganda and texts published in aid of a particular cause, e.g. a charity, an ecological organisation, etc.

## Argumentative texts

These are texts which present both sides of a given question. Typical examples are journal articles, intelligent newspaper leaders, and academic essays. They tend to be very formal, using a set structure (introduction, arguments for, arguments against, conclusion), though variations on the theme are to be found. The language tends to be serious and formal, though the text may be lightened with humour or with language taken from a less formal register.

# How to use the book

In **Bien lire, bien écrire – Livre de l'étudiant** you will meet a wide variety of text types and styles. As the title suggests, the writing process in the book is divided into two halves: reading, and then writing. Each of the five sections of the book consists of a number of units. Each unit presents you with a text that exemplifies a particular text type. You are then helped to analyse how the text is put together before embarking on the writing of a piece on a similar theme and of a similar nature.

## Working with the text

Each text is approached in a slightly different way, but there is a clear and general pattern to the activities.

First, the teacher introduces the topic, explains what the 'model' text is about and what your final written outcome will be (e.g. writing a formal letter, writing a persuasive letter).

You are then asked to predict what the content of the 'model' text will be. This encourages you to focus actively on that particular text-type, and to call on your own knowledge of the world before you look at the text. In some units this prediction is very structured, and in some others it is less so.

You then read the text at least twice, looking up any words and expressions that you do not know, with the teacher sometimes helping you at this stage.

You then compare your predictions with what you have found in the text. Sometimes you will compare your lists with those of other students, either before or after reading the text.

There then follows a series of exercises which are designed to familiarise you with the language, the structure and the grammar of the 'model' text. A short exercise heading always summarises for you what the task is.

An essential part of your work is to co-operate with others, sometimes in pairs, sometimes in groups. This may involve comparing and contrasting, debating, adding information to what already exists, researching a particular aspect of a topic before presenting it to a group, making contributions to others' work or editing it at the final stage.

Finally, having studied the structure and characteristics of the 'model' text, you produce a text of a similar nature to that which has been studied, possibly on another theme. This is very often a joint or communal effort, with an editor or editorial team being responsible for the final written outcome.

The Web-based exercises in the book will help you learn how to use the Web as a language learning tool. It is expected, too, that you will word-process your writing, and that you will download or scan images to illustrate your texts, thus making your presentation more forceful and more persuasive.

We hope that you will enjoy working through this book and developing the skills of reading and writing a variety of text-types.

*Ian Maun and Isabelle Rodrigues*

*Exeter 2009*

# 1 Dépliant touristique

Vous allez tout d'abord réfléchir aux caractéristiques des brochures et dépliants touristiques que l'on peut trouver dans les Offices de Tourisme. Vous lirez ensuite un texte. Il s'agit de la description d'un village de Dordogne. Cette description provient d'un dépliant touristique dont le but est, bien sûr, d'attirer les touristes au village. Quand vous aurez étudié le langage et les structures qu'on utilise dans un dépliant de ce genre, vous préparerez une description de votre ville / village. Votre brochure sera présentée au Comité de Jumelage d'une ville / d'un village de France qui recherche une localité avec laquelle il / elle pourrait être jumelé/e.

## 1  Anticiper

D'après vous, quelles sont les caractéristiques des dépliants touristiques?

## 2  Lire

Lisez le texte au moins deux fois. Cherchez dans un dictionnaire les mots et expressions que vous ne connaissez pas.

## 3  Comparer

Comparez vos hypothèses de l'Exercice 1 et les caractéristiques du texte que vous venez de lire. Notez ce à quoi vous n'aviez pas pensé. Faites une liste des traits distinctifs de cette brochure, par exemple:

- elle contient des détails historiques

- elle est écrite sur un ton avenant

✗ DO NOT PHOTOCOPY

# Castellac sur la Dordogne

## Un doux village du Périgord

Castellac est un village charmant. Vous le découvrirez en prenant la D 660 (route départementale 660) qui relie Bordeaux à Sarlat.

Castellac est situé à trois kilomètres de la forêt de la Châtaigneraie.

Ses 250 maisons anciennes en pierre de la région ont été construites sur les flancs d'une colline qui descend en pente douce jusqu'à la Dordogne. À cet endroit, la rivière est très large et très belle. Son cours est, en temps normal, lent et majestueux. Un magnifique pont d'une centaine de mètres relie élégamment le village à la rive gauche de la rivière. Ses arches harmonieuses donnent un charme et un cachet particuliers à Castellac.

La rue principale du village serpente entre deux rangées de maisons. Elle débouche sur la place St Cybard, qui est le cœur du village, avec sa fontaine, son église romane, ses deux restaurants et son petit bureau de poste. Le camping, les terrains de tennis, la piscine et la salle de sports se sont installés plus bas, près des berges de la rivière.

Un clair ruisseau traverse le village. C'est lui qui mettait en mouvement l'ancien moulin que l'on peut toujours visiter. On y fabriquait au XVIIIe siècle un papier très réputé pour sa finesse et sa qualité.

À cette époque, Castellac était en effet un véritable centre d'activités commerciales. S'il a perdu aujourd'hui une partie de ses activités, il reste néanmoins un village animé dans lequel on trouve de nombreux commerces: des magasins d'alimentation, un salon de coiffure, un cabinet médical, une pharmacie, une boucherie, un hôtel et deux bons restaurants.

De plus, le maire vient d'ouvrir dans l'annexe du vieux moulin un atelier d'artisanat local, dans lequel on peut s'initier à la fabrication du papier.

**Les commerçants et artisans de Castellac vous souhaitent un agréable séjour dans leur village. Ils savent que si vous y séjournez, vous vous y plairez et vous y reviendrez.**

✗ DO NOT PHOTOCOPY

## 4 Ordonner

Dans quel ordre les informations suivantes sont-elles présentées?

- mots de bienvenue
- prestations commerciales
- situation géographique
- composition du village (et situation géographique)
- rivière
- industrie d'autrefois

## 5 Discuter

Discutez entre vous les questions suivantes:

- Pourquoi l'auteur de cette brochure a-t-il choisi de présenter les informations dans cet ordre?
- Est-ce que vous trouveriez préférable d'utiliser un ordre différent pour Castellac?
- Est-ce que vous présenteriez les informations dans le même ordre ou pas, pour une brochure sur votre ville / village? Donnez vos raisons.

## 6 Trouver l'équivalent

On retrouve souvent certaines expressions dans les textes descriptifs de ce genre. Trouvez dans la colonne de droite la traduction de chacune des expressions de la colonne de gauche.

| Expression française | Traduction |
|---|---|
| 1 relie | A are to be found |
| 2 dans lequel on trouve | B nevertheless |
| 3 les flancs d'une colline | C winds |
| 4 entre les deux rangées de maisons | D many shops |
| 5 descend en pente douce | E the banks |
| 6 est situé | F it opens out onto |
| 7 serpente | G links |
| 8 les berges | H slopes gently down |
| 9 se sont installés | I the slopes of a hill |
| 10 néanmoins | J by taking |
| 11 donnent un cachet | K in which are to be found |
| 12 en prenant | L lend character |
| 13 elle débouche sur | M between the two rows of houses |
| 14 de nombreux commerces | N is situated |

## 7 Classer

Relisez le texte et complétez le tableau suivant selon les catégories indiquées. Nous vous avons donné deux exemples.

| Hébergement / restauration | Prestations commerciales | Services médicaux | Artisanat | Equipements sportifs |
|---|---|---|---|---|
| camping | | pharmacie | | |
| | | | | |
| | | | | |

## 8   Sélectionner

Par groupes de quatre, examinez le tableau que vous venez de compléter. Ajoutez ou éliminez des données afin de pouvoir utiliser cette grille pour préparer une brochure sur votre ville / village. Quand vous aurez fini, mettez le tableau de côté – vous y reviendrez ultérieurement.

## 9   Décider

Remettez chaque adjectif à la bonne place dans chacune des phrases suivantes. N'oubliez pas de l'accorder en genre et en nombre au mot qu'il définit.

1   Castellac est un village. **(charmant)**

2   Il est situé à trois kilomètres de la forêt de la Châtaigneraie. **(beau)**

3   La Dordogne est une rivière. **(large et majestueux)**

4   La rue du village débouche sur une place ombragée. **(principal)**

5   Ici vous voyez l'église de St Cybard. **(vieux, roman)**

6   Le midi ou le soir, on peut manger dans l'un des deux restaurants qui se trouvent sur la place. **(bon)**

7   Un pont d'une centaine de mètres relie Castellac à la rive. **(magnifique, gauche)**

8   L'activité reste très importante. **(commercial)**

## 10 Composer

**Travail à deux.**

En utilisant les données du tableau que vous avez complété (Exercice 7), composez de courtes descriptions des monuments et bâtiments de votre ville / village. Utilisez des adjectifs qui sont purement descriptifs (par ex. *petit*) et d'autres qui ont un sens positif (par ex. *superbe*).

**Exemples**

une magnifique salle omnisports, toute une série de magasins particulièrement modernes, un petit hôtel de ville médiéval…

## 11 Se référer

À quels noms les mots soulignés se réfèrent-ils dans les phrases suivantes?

**Exemple**

<u>ses</u> 250 maisons en pierre de la région

*ses* – se réfère à « Castellac »

1   La rue principale du village descend sur trois kilomètres entre les deux rangées de maisons, traverse la place St Cybard, avec <u>sa</u> fontaine, <u>son</u> église romane, <u>ses</u> deux restaurants et <u>son</u> petit bureau de poste.

2   Un clair ruisseau traverse le village. C'est <u>lui</u> qui mettait en mouvement l'ancien moulin …

3   <u>Son</u> cours est en temps normal lent et majestueux.

4   On <u>y</u> fabriquait au XVIIIème siècle …

5   Les commerçants et artisans de Castellac vous souhaitent un agréable séjour dans leur village. <u>Ils</u> savent que si vous <u>y</u> séjournez …vous vous <u>y</u> plairez …vous <u>y</u> reviendrez …

## 12 Préparer une ébauche

**Travail à deux.**

Préparez une description de votre ville / village, ou d'un aspect de celle-ci / celui-ci. Utilisez les mots, expressions et structures sur lesquels vous avez travaillé dans ce chapitre.

**✗ DO NOT PHOTOCOPY**

### 13 À vos claviers!

**Travail de groupe.**

Choisissez les meilleures descriptions parmi les divers brouillons. Rassemblez-les pour créer la version définitive sur ordinateur. Ajoutez-y des photos scannées ou téléchargées si vous en avez la possibilité.

### 14 Rechercher sur l'internet

Choisissez un moteur de recherche en langue française puis tapez dans la boîte de dialogue le nom d'un pays / d'une région francophone (*Belgique, Suisse romande, Québec,* etc...) et les mots *Office de Tourisme.* On devrait vous proposer une carte qui vous permettra de choisir une région, puis une ville ou même un village. Si vous cliquez sur le nom de l'une des villes (ou même un village sur certaines cartes détaillées) vous obtiendrez certainement une description de l'endroit. Imprimez-la et surlignez les passages qui vous semblent les plus intéressants du point de vue de l'originalité de l'endroit, des détails historiques, du style de la description, etc. Imprimez aussi quelques photos. Affichez le tout dans votre salle de classe.

Si vous voulez en savoir plus sur les jumelages, consultez le moteur de recherche Voilà! (**www.voila.com**) et tapez *Jumelage.* Vous pourrez visiter un grand nombre de sites.

✘ DO NOT PHOTOCOPY

# 2 Courrier des lecteurs

Vous allez tout d'abord lire la lettre d'un jeune homme parue dans le Courrier du Cœur d'un magazine. Vous étudierez le vocabulaire et les structures que l'on rencontre dans ce genre de lettre puis vous préparerez une lettre semblable en français, qui traitera elle aussi d'un problème personnel.

## 1 Anticiper

Parmi les détails cités ci-dessous, quels sont ceux que l'on trouvera rarement, quelquefois, ou toujours, dans une lettre adressée au Courrier du Cœur? Si vous pensez à d'autres détails, ajoutez-les au tableau.

- une question
- des prénoms
- la situation de départ
- la situation actuelle
- des mots qui expriment le doute
- une solution offerte par l'auteur de la lettre
- la liste des faits et gestes de l'auteur de la lettre

- la liste des faits et gestes d'une autre personne (ou de plusieurs autres personnes)
- l'énoncé d'un problème
- une liste d'événements heureux
- une liste d'événements malheureux ou même tragiques
- des mots qui expriment la confiance

**On trouvera …**

| Rarement | Quelquefois | Toujours |
|---|---|---|
| | | |

✗ DO NOT PHOTOCOPY

## 2  Lire

Lisez le texte au moins deux fois. Cherchez dans un dictionnaire les mots et expressions que vous ne connaissez pas.

# Je n'ai plus confiance en moi

Je ne comprends pas ce qui m'arrive. Quand une fille me plaît, ça me paralyse. Pour l'aborder, j'hésite, je prépare mes phrases et puis, j'ai peur, je ne peux pas me décider. Je n'ai plus confiance en moi. Pour dire la vérité, je crois que c'est à cause de ma copine Marie. Avec elle, je me sentais à l'aise. On était des amis d'enfance. On sortait ensemble, on fréquentait les mêmes amis, on aimait la même musique. Quand je me suis rendu compte que ce que j'éprouvais pour elle, c'était plus que de l'amitié, je n'ai pas eu peur de le lui dire. Elle m'a embrassé, et j'ai pensé qu'elle était amoureuse de moi. Je n'ai jamais été aussi heureux de ma vie. Mais quelques jours plus tard, quand une de ses copines lui a dit : « Tiens, voilà ton Jules qui arrive » elle a rougi et a dit « Sébastien? T'es folle! C'est un ami d'enfance, c'est tout! » Pourquoi a-t-elle dit ça? Pour me blesser, me faire mal? Pour me rejeter sans doute. Je n'y comprends rien: j'avais confiance en elle. Je pensais que nous partagions les mêmes sentiments. Elle a brisé notre amour mais aussi notre amitié.

**Sébastien**

| Manque de confiance | Autres sentiments |
| --- | --- |
| Je n'ai plus confiance en moi | |
| | |
| | |
| | |
| | |

## 3 Comparer

Revenez à votre tableau. Vos hypothèses sont-elles correctes par rapport à la lettre que vous venez de lire?

## 4 Classer

Classez les expressions suivantes. S'agit-il d'un manque de confiance ou d'un autre sentiment de la part de l'auteur?

- Je n'ai plus confiance en moi
- Je ne comprends pas ce qui m'arrive
- Ça me paralyse
- Je ne peux pas me décider
- Je n'ai jamais été aussi heureux de ma vie
- Je me sentais à l'aise
- Ce que j'éprouvais pour elle, c'était plus que de l'amitié
- Je pensais que nous partagions les mêmes sentiments
- Je n'y comprends rien
- J'avais confiance en elle

## 5 Chercher

Trouvez dans le texte d'autres phrases ou expressions à ajouter à ces deux listes (*manque de confiance* et *autres sentiments*).

## 6 Transformer

Utilisez la construction *pour + infinitif* pour transformer les phrases suivantes.

**Exemple**

Elle a fait cela parce qu'elle voulait me blesser.

→ Elle a fait cela pour me blesser.

1   Je ne sais plus ce qu'il faut faire quand je veux aborder quelqu'un.

2   Est-ce qu'on doit être beau / belle si on veut sortir avec quelqu'un?

3   Que dois-je faire si je veux retrouver confiance en moi?

4   Est-ce que je devrais fréquenter un club de jeunes si je veux rencontrer quelqu'un?

5   Si on manque de confiance en soi, on ne sait pas comment s'y prendre quand on veut trouver un(e) partenaire.

## 7 Discuter

**Travail en groupe.**

Choisissez l'une des situations suivantes. Décidez avec vos partenaires quels seraient les sentiments éprouvés par cette personne et ce qu'elle dirait.

*   une jeune fille qui doit porter des lunettes pour la première fois

*   un garçon qui se sent laid malgré les dénégations de ses amis

*   une jeune fille qui ne sait pas exprimer son amour pour un garçon qu'elle connait bien

*   un garçon qui s'intéresse à une jeune fille d'une religion différente malgré la désapprobation des parents de la jeune fille

*   une jeune fille qui déteste son prénom

*   un garçon qui ne peut pas se payer des vêtements de marque

*   une jeune fille qui est très petite (ou très grande) pour son âge

## 8 Organiser

Vous allez jouer le rôle de la personne que vous avez choisie dans l'Exercice 5 et vous allez écrire une lettre au Courrier du Cœur d'un magazine. Tout d'abord, décidez de l'ordre dans lequel vous allez présenter les points principaux de votre lettre. Voici deux exemples:

*   Situation actuelle — situation d'origine — question

*   Question — situation d'origine — situation actuelle

### 9   À vos claviers!

Rédigez votre lettre. Utilisez les constructions que vous avez étudiées, ainsi que ce que vous avez appris sur ce type de lettre. Remettez ce brouillon à votre professeur, qui vous suggérera des améliorations. Quand votre lettre sera finie, faites-la parvenir à un(e) autre étudiant(e).

Jouez maintenant le rôle du / de la responsable du Courrier du Cœur. Donnez un titre à la lettre que vous avez reçue et rédigez une courte réponse où vous redonnerez confiance à l'auteur de la lettre.

### 10   Rechercher sur l'internet

Choisissez un moteur de recherche en langue française, puis tapez dans la boîte de dialogue l'un des mots-clés de ce chapitre (par exemple : *confiance*, *adolescence* ou, dans un domaine plus léger, *prénoms*). Imprimez un ou deux textes et surlignez les informations les plus intéressantes du point de vue du contenu (les meilleurs conseils, les faits surprenants, etc.) et de la forme (les expressions que vous ne connaissiez pas). Affichez ces documents dans votre salle de classe pour en faire profiter tout le monde.

# 3 Brochure

Vous allez tout d'abord lire une brochure qui donne une série de conseils aux personnes qui passent des vacances au bord de la mer. Une fois que vous aurez travaillé sur les structures linguistiques utilisées pour donner des conseils, vous préparerez une brochure en français destinée aux touristes qui souhaitent faire du camping dans une région isolée de votre pays. Vous y donnerez les conseils et recommandations qui conviennent à ce type de séjour.

## 1 Anticiper

**Remue-méninges**

Préparez ensemble une liste des dangers liés aux vacances au bord de la mer: par exemple, les risques alimentaires ou bien les dangers dus au mauvais temps. Donnez des détails pour chacun.

 ✘ DO NOT PHOTOCOPY

## 2 Organiser

Si vous deviez créer un dépliant sur les dangers liés à un séjour au bord de la mer, dans quel ordre les citeriez-vous? Agencez la liste que vous avez préparée selon les priorités d'un(e) touriste.

## 3 Lire

Lisez le texte au moins deux fois. Cherchez dans un dictionnaire les mots et expressions que vous ne connaissez pas.

### Vocabulaire

| | |
|---|---|
| la baignade | *l'action de se baigner, de nager* |
| s'allonger | *se coucher* |
| entraîner | *mener à, produire* |
| le trajet | *le voyage* |
| se méfier de | *(ici) éviter* |
| la déshydratation | *un manque d'eau dans le corps humain* |
| proscrire | *interdire* |
| une aire | *un terrain* |

# Quelques conseils pour vos vacances

### SE BAIGNER EN EAU PROPRE

La baignade est un des plus grands plaisirs de l'été, mais se baigner dans une eau polluée n'est pas agréable et peut également constituer pour certaines personnes un risque sanitaire. Il existe potentiellement un risque d'infection grave (typhoïde, hépatite, par exemple) à l'occasion de baignades en milieu très contaminé bactériologiquement.

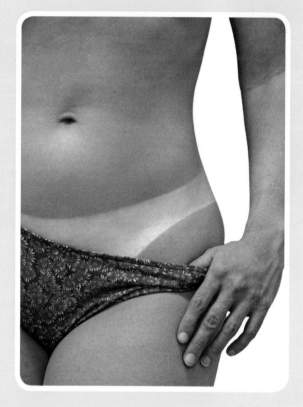

Voici quelques recommandations pour la plage :

*   Ne vous allongez pas à même le sable mais sur une serviette de bain que vous laverez fréquemment.

*   Avant de quitter la plage, pensez à rincer les enfants qui se sont amusés dans le sable.

*   Prenez une douche au retour de la baignade. N'hésitez pas à consulter un médecin en cas de problème persistant.

### ATTENTION AUX « COUPS DE CHALEUR »

**L'exposition prolongée peut entraîner, en particulier chez les jeunes enfants, une augmentation excessive de la température du corps : le « coup de chaleur ». Comment l'éviter?**

*   Ne jamais laisser les jeunes enfants dans une voiture en plein soleil.

*   Au cours de longs trajets en voiture, arrêtez-vous souvent pour leur donner à boire. Privilégiez les voyages pendant les heures fraîches.

*   Habillez-les très légèrement, préférez les vêtements en coton.

*   Méfiez-vous des bains de soleil prolongés. Pensez au chapeau et au parasol sur la plage.

*   Évitez l'exposition au soleil entre 13 h et 15 h.

### ATTENTION LORS DE LA RECOLTE DES COQUILLAGES

La pêche à pied est une activité appréciée des estivants mais la qualité des coquillages ramassés n'est pas assurée.

✘ DO NOT PHOTOCOPY

**Il faut veiller à:**

*Bien choisir son site:*

- pêcher loin de tout rejet d'eaux suspectes

*Bien choisir ses coquillages:*

- pêcher des spécimens vivants

- récolter des coquillages de taille autorisée

- limiter les prises

*Bien les consommer:*

- le plus rapidement possible

- si une courte conservation est nécessaire, elle doit avoir lieu au frais et à sec

## DIARRHÉES ET DÉSHYDRATATION DES ENFANTS, VIGILANCE!

La survenue de diarrhées chez les enfants durant l'été peut avoir de graves conséquences, notamment la déshydratation. Aussi, faites-les boire souvent et abondamment.

## POUR VOYAGER LOIN, MENAGEZ VOTRE VOITURE

Les migrations de vacances s'accompagnent d'un pic de fréquence des accidents de circulation. Vous êtes en vacances, prenez votre temps et diminuez votre vitesse. Si vous avez absorbé des boissons alcoolisées, ayez le réflexe de ne pas prendre le volant ou de vous faire raccompagner.

## BARBECUES, BASSINS … NE SONT PAS SANS DANGER!

Parmi les accidents domestiques de l'été, les brûlures liées aux barbecues sont très nombreuses. **Il est nécessaire de:**

- penser à vérifier votre statut vaccinal (tétanos-polio)

- vérifier la stabilité des appareils portables

- proscrire l'allumage avec de l'alcool à brûler

- éviter de préparer des grillades pieds nus

- disperser les cendres après s'être assuré qu'elles sont toutes éteintes (les arroser avec de l'eau). En pleine nature, la pratique du barbecue et de tout feu est interdite en dehors des aires aménagées. Les accidents de noyade dans les bassins privés, faute de surveillance, sont fréquents chez les jeunes enfants: redoublez d'attention!

---

## 4  Comparer

Comparez votre liste au texte.

Aviez-vous pensé à des dangers qui n'y figurent pas?

Le texte parle-t-il de dangers auxquels vous n'aviez pas pensé? Dans ce cas, ajoutez ceux-ci à votre liste.

---

## 5  Classer

Classez les expressions suivantes selon qu'on vous **conseille** ou qu'on vous **déconseille** de faire certaines choses. Deux exemples sont donnés pour vous aider.

- ayez le réflexe de ne pas
- préférez
- n'hésitez pas à
- privilégiez
- il faut veiller à
- ne jamais laisser

- évitez
- évitez de
- pensez à
- méfiez-vous de
- il est nécessaire de

| On vous conseille ... | On vous déconseille ... |
|---|---|
| préférez | ayez le réflexe de ne pas |
|  |  |
|  |  |
|  |  |
|  |  |
|  |  |

---

## 6 Chercher

Retrouvez dans le texte les phrases qui contiennent les expressions que vous avez trouvées dans l'Exercice 5 et réécrivez-les.

**Exemple**

– privilégiez les voyages pendant les heures fraîches.

## 7 Classer

Les expressions suivantes sont tirées du texte. Classez-les selon qu'il s'agit de l'expression d'une **condition**, d'une **nécessité**, d'une **conséquence** ou d'une **recommandation**.

il faut

si

peut avoir de graves conséquences

il est nécessaire de

aussi

en cas de

… est nécessaire

peut entraîner

veiller à

| Condition | Nécessité | Conséquence | Recommandation |
|-----------|-----------|-------------|----------------|
| si | il faut | | |
| | | | |
| | | | |

## 8 Repérer

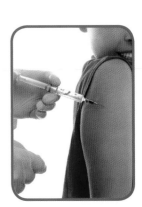

Repérez dans le texte les phrases dans lesquelles ces expressions sont utilisées. Notez qu'il y a deux phrases où deux de ces expressions sont combinées.

## 9 Composer

Composez trois phrases qui donnent des conseils pour les vacances au bord de la mer. Essayez de combiner les expressions du tableau de l'Exercice 7.

**Exemples**

**En cas d'**exposition extrême, **il faut** téléphoner aux services d'urgence, car une insolation **peut avoir de graves conséquences**.

**Si** une exposition prolongée **est inévitable**, **il faut** porter un chapeau.

✗ DO NOT PHOTOCOPY

## 10 Transformer

Utilisez l'impératif pour transformer les phrases suivantes en ordres.

**Exemple**

Il faut veiller à la sécurité des enfants.

→ **Veillez** à la sécurité des enfants.

1 Vous devez prendre toutes les précautions nécessaires.

2 Il faut rester à l'ombre entre midi et quinze heures.

3 On doit résister à la tentation de rester longtemps au soleil.

4 Il est essentiel de boire beaucoup d'eau au cours de la journée.

5 Il est primordial d'éloigner les enfants du barbecue.

## 11 Organiser

Faites la liste des choses auxquelles il faut penser quand on fait du camping dans une région isolée et potentiellement dangereuse. Par exemple, de quel genre d'équipement va-t-on avoir besoin? Dans quelles situations peut-on se trouver?

Quand vous aurez fini votre liste, communiquez-la à votre professeur, qui utilisera ces données pour vous aider à établir la structure de la brochure à écrire.

✗ DO NOT PHOTOCOPY

## 12 Rechercher

**Travail à deux.**

Faites une liste des impératifs que vous pourriez utiliser pour donner des instructions et conseils aux touristes, par exemple: *n'oubliez pas de ..., faites bien attention à ..., contactez ...,* etc.

## 13 À vos claviers!

Vous devez préparer pour une brochure un passage intitulé « Quelques conseils pour votre séjour en pleine nature ». Choisissez un des thèmes sur lesquels vous avez travaillé (équipement, nourriture, etc.) et rédigez votre passage. Utilisez les constructions que vous avez étudiées, ainsi que les expressions de la condition, de la nécessité et de la conséquence. Remettez ce brouillon à votre professeur, qui vous suggérera des améliorations.

## 14 Rédiger

Nommez un(e) rédacteur / rédactrice. C'est lui / elle qui décidera de l'ordre définitif des passages et qui se chargera de la production de la brochure. Le reste du groupe suggérera un format et donnera des idées pour les illustrations (qui pourraient par exemple être téléchargées sur Internet).

✘ DO NOT PHOTOCOPY

# 4 Revue de film

Vous allez d'abord réfléchir aux caractéristiques d'une critique de film, qu'elle soit écrite par un journaliste professionnel ou par un simple particulier. Vous lirez ensuite une lettre dans laquelle une jeune femme parle d'un film qu'elle a récemment vu.

## 1 Anticiper

Dans la liste ci-dessous, que trouverait-on **certainement**, **peut-être** ou bien **jamais** dans une lettre écrite à un(e) ami(e) pour lui parler d'un film? Donnez des exemples pour justifier vos décisions.

- Opinions
- Jugements
- Conseils
- Narrations
- Explications
- Circonstances de la visite au cinéma / de l'achat du DVD
- Sentiments
- Références à d'autres films
- Expressions d'admiration
- Expressions de dégoût
- Interdictions
- Recommandations

✖ DO NOT PHOTOCOPY

## 2  Distinguer

**Travail à deux.**

Parmi les exemples que le groupe a cités, quels sont ceux que l'on ne trouverait probablement pas dans une critique de film publiée dans un magazine?

## 3  Organiser

Dans quel ordre est-il préférable de présenter les catégories de l'Exercice 1? Discutez-en avec un(e) partenaire ou en groupe.

## 4  Lire

Lisez le texte à la page 34 au moins deux fois. Cherchez dans un dictionnaire les mots et expressions que vous ne comprenez pas.

## 5  Comparer

Comparez l'ordre que vous aviez choisi dans l'Exercice 3 avec celui du texte. Quelles différences remarquez-vous? Est-ce que la narration de l'intrigue du film occupe une place bien délimitée par rapport aux opinions exprimées par l'auteur de la lettre?

## 6  Réorganiser

Réorganisez les phrases suivantes pour obtenir un résumé de l'intrigue du film.

1   Isa et Marie sont employées dans le même établissement.

2   Marie se lie avec un jeune homme fortuné qui ne pense vraiment qu'à lui.

3   Isa apprend que la fille de la propriétaire remonte la pente, mais Marie se donne la mort.

4   Isa découvre l'histoire de la fille de la femme à qui appartient leur appartement.

5   Les deux femmes décident d'habiter ensemble.

6   Chris quitte Marie, qui se met dans une colère épouvantable et agresse Isa.

7   Elle va la voir régulièrement à l'hôpital.

# Chère Juliette,

Tu me demandes dans ta dernière lettre si j'ai acheté des films en DVD récemment et quel film j'ai le plus aimé. J'ai bien réfléchi et je crois que c'est « La Vie Rêvée des Anges ». Par contre je dois t'avouer que je n'ai pas bien compris le rapport entre l'histoire du film et le titre!

Mais pour moi, c'est un très beau film. Au début, on voit comment deux filles, Isa et Marie, vont se lier d'amitié. Elles se rencontrent dans l'usine de vêtements où Marie travaille. Isa vient d'arriver à Lille, Marie lui propose de venir s'installer dans l'appartement dont elle a la garde.

Les propriétaires, une mère et sa fille de 14 ans, sont à l'hôpital, dans le coma après un accident de voiture. Petit à petit, au cours du film, on découvre que, bien qu'Isa et Marie partagent un appartement, sortent ensemble et fréquentent les mêmes personnes, elles ont un caractère totalement différent: Isa, malgré les galères, sourit à la vie, garde sa bonne humeur, est généreuse avec les autres alors que Marie, au contraire, est dure, révoltée contre sa condition sociale, amère.

Un jour, Isa trouve dans l'appartement le journal de la jeune propriétaire. Elle est touchée par cette fille et veut la connaître. Donc elle va lui rendre visite tous les jours à l'hôpital. J'ai trouvé ces moments-là du film tellement émouvants! Pendant ces visites,

elle lui parle, espérant la faire sortir de son coma. Lorsque Marie découvre ces visites, elle se moque d'Isa.

Et puis Marie tombe amoureuse de Chris, un jeune bourgeois riche et égoïste. Au commencement tout va bien et pour Marie, l'amitié d'Isa ne compte plus. Mais très vite, Chris laisse tomber Marie pour une autre fille.

Lorsqu'Isa lui annonce que Chris est venu lui dire qu'il ne veut plus sortir avec Marie, celle-ci devient folle de rage et, dans sa colère, menace Isa avec un couteau.

À la fin du film, on voit que la générosité d'Isa est récompensée puisqu'elle a la joie d'apprendre que la jeune propriétaire est sortie du coma. Mais Marie, elle, ne trouve pas d'autre solution que le suicide.

Selon Alain, avec qui j'ai regardé le film c'est un film déprimant! Moi, je ne suis pas du tout de cet avis. Au contraire! Je trouve que c'est un film plein d'espoir et de générosité.

Bien sûr, il y a des moments durs, mais pour moi, c'est l'humour et la joie de vivre d'Isa qui dominent. À mon avis, le meilleur choix du metteur en scène, ce sont les deux actrices: elles sont vraiment extraordinaires! D'ailleurs, elles ont remporté toutes les deux le double prix d'Interprétation féminine à Cannes en 1998.

Crois-moi, il faut acheter ce DVD. Ça en vaut vraiment la peine! Et écris-moi pour me dire si tu es de mon avis.

*Charlotte*

## 7 Distinguer

Classez les expressions suivantes selon leur sens et leur usage dans le texte. Nous vous avons donné deux exemples. Ensuite, mettez votre liste de côté.

| | |
|---|---|
| par contre | tous les jours |
| au début | d'ailleurs |
| petit à petit | lorsque |
| malgré | et puis |
| bien que | mais |
| au cours de | très vite |
| alors que | à la fin de |
| un jour | au commencement |

| Expressions temporelles | Expressions non-temporelles |
|---|---|
| au début | par contre |
| | |
| | |
| | |
| | |
| | |
| | |
| | |
| | |
| | |

✗ DO NOT PHOTOCOPY

## 8 Classer

Classez les phrases et expressions suivantes, selon qu'il s'agit d'une action, d'une opinion ou d'un commentaire.

1   Mais pour moi c'est un très beau film

2   Elles se rencontrent dans l'usine de vêtements …

3   Marie lui propose de venir s'installer dans l'appartement

4   Isa … est généreuse avec les autres …

5   Un jour, Isa trouve … le journal de la jeune propriétaire

6   J'ai trouvé ces moments-là du film tellement émouvants!

7   Celle-ci devient folle de rage

8   on voit que la générosité d'Isa est récompensée

9   … c'est un film déprimant!

10  Je trouve que c'est un film plein d'espoir …

11  Bien sûr, il y des moments durs …

| Action | Opinion / Commentaire |
|--------|------------------------|
|        |                        |
|        |                        |
|        |                        |
|        |                        |
|        |                        |
|        |                        |
|        |                        |

## 9 Commenter

On peut utiliser les expressions suivantes pour exprimer une opinion ou pour faire un commentaire. Classez-les, selon qu'il s'agit d'expressions subjectives ou objectives.

- il me semble que
- il est évident que
- on voit que
- on voit comment
- je suis d'avis que
- je pense que
- il est de plus en plus clair que
- je crois que
- il m'apparaît que
- on ne peut pas nier que
- il est indéniable que
- à mon sens
- à mon point de vue
- il est certain que
- il va de soi que
- mon sentiment, c'est que
- d'après moi / selon moi
- il est émouvant de voir que

## 10 Souligner

Transformez les phrases suivantes pour souligner l'importance de la partie en italique.

### Exemple

Les deux actrices sont *le meilleur choix du metteur en scène*.

→ Le meilleur choix du metteur en scène, ce sont les deux actrices.

1  L'interprétation des deux jeunes femmes est *la meilleure qualité du film*.

2  La découverte du journal et le départ de Chris sont *les plus grands moments de tension du film*.

3  Le suicide de Marie est *le moment le plus émouvant*.

4  La mort de Marie est *le point culminant du film*.

5  « Dans la vie, il faut être généreux » est *la morale du film*.

## 11 Raconter

**Travail à deux.**

Vous avez vu tous / toutes les deux un même film. Par écrit, chacun(e) en résume l'histoire. Ensuite marquez d'une croix cinq endroits dans votre résumé où vous voulez que votre partenaire ajoute des commentaires puis passez-lui le texte pour qu'il / elle le fasse. Quand vous aurez fini, discutez des opinions que chacun(e) de vous a exprimées.

## 12 Rechercher sur l'internet

Cherchez des critiques de films sur l'internet. Notez les expressions que vous pourrez utiliser vous-même.

## 13 À vos claviers!

Écrivez à un(e) correspondant(e) un courrier électronique dans lequel vous incorporerez la critique d'un des films dont vous avez discuté. Si vous voulez, mentionnez également les choses suivantes:

- Les circonstances dans lesquelles vous êtes allé(e) voir le film
- Les opinions exprimées par d'autres personnes
- Vos recommandations (aller voir le film ou pas)

# 5 E-mail

Vous allez lire un e-mail envoyé par une jeune fille à un copain qui n'a pas pu participer aux vacances de groupe comme prévu. Avec ses amis, Dominique a fait la descente de la rivière Ardèche en canoë. Après avoir lu ce texte, vous allez écrire un e-mail à un(e) ami(e) pour lui raconter un voyage pendant les grandes vacances.

## 1 Anticiper

Dominique et ses amis ont fait la descente de l'Ardèche en canoë. Faites une liste des mots et des expressions qui pourraient figurer dans l'e-mail qui raconte la descente à son ami qui n'a pas pu l'accompagner. Quels incidents auraient pu se produire?

### Exemples

L'eau, les rapides, le canoë, tomber, se noyer …

## 2 Lire

Lisez le texte au moins deux fois. Cherchez dans un dictionnaire les mots et expressions que vous ne connaissez pas.

✗ DO NOT PHOTOCOPY

# Descente de l'Ardèche

## E-mail de Dominique à son copain Florent qui n'a pas pu se joindre au groupe

Lundi 12 août

Salut Florent !

Comment va ton genou? C'est vraiment pas de pot d'avoir fait cette chute deux jours avant notre départ ! Faut que je te raconte notre descente de l'Ardèche en canoë.

La veille, on était déjà tous très impatients sauf Justine qui ne voulait plus venir. Elle avait la trouille à l'idée de descendre les rapides!! Enfin, on l'a convaincue.

Le lendemain, juste avant le petit-dejeuner, on a cueilli des fraises et on a acheté du pain pour notre pique-nique. Et puis, dès 9h, on était dans les canoës: Justine avec Marc et moi avec Arthur. Et nous voilà partis pour 30 km à la pagaie!!!!

Au début, on zigzaguait dans tous les sens, incapables d'aller droit!!! Marc nous criait comment faire et n'arrêtait pas de nous engueuler … mais, bon, au bout d'une heure on avait enfin compris. On commençait tout juste à se détendre, à admirer le paysage (vraiment magnifique et très sauvage) quand on a réalisé qu'on allait de plus en plus vite: on arrivait au premier rapide et le canoë prenait de plus en plus de vitesse à cause du courant. Marc criait: « Pagayez! Pagayez plus fort ! » Il fallait passer entre deux énormes rochers! On était secoués, trempés par les vagues, et pas rassurés du tout, crois-moi! Mais bon, ouf, on est finalement passés! Sans se retourner et sans se taper le rocher, Marc, le traître, a pris une photo de nous en pleine action: regarde la sale tronche qu'on se paye!!! Crispés un max et je dirais même que Mathieu était vert de peur!!!!

✘ DO NOT PHOTOCOPY

Vers midi, on s'est arrêtés pour se baigner: il faisait déjà presque 30 degrés! Dans une rivière aussi fraîche et claire, c'était un vrai régal ...

Une heure plus tard, on a trouvé un coin idéal pour déjeuner: une petite plage de sable ombragée par quelques arbres. On avait acheté des quiches au lard à la boulangerie du coin juste avant de partir et on a dévoré toutes les fraises qu'on avait cueillies le matin même. Délicieux!

Après, on avait bien besoin d'une petite sieste à l'ombre jusqu'à 14h30. Puis on a continué notre descente pendant une demi-heure sans problème, jusqu'à « La dent noire ». Tout d'un coup, en plein milieu du rapide, le canoë de Marc s'est retourné. Voilà Marc, Justine et toutes leurs affaires à l'eau. Nous, on rigolait tellement qu'on pouvait même pas les aider!!! Regarde la tête de Marc sur mes photos! Pas content du tout, le mec!

Enfin, le soir à 18h00 pile on est arrivés au bivouac: il faisait si chaud et si beau qu'on n'a pas utilisé la tente: on a dormi à la belle étoile, épuisés et ravis de cette journée qu'on n'est pas prêts d'oublier! Le lendemain matin, après avoir dormi douze heures, on avait tous la pêche pour terminer la descente.

Aujourd'hui, on va descendre en train vers la Méditerranée. On ira d'abord à Montpellier, puis on passera par Marseille et on continuera vers la Côte d'Azur.

Je te tiens au courant.

Bises de tous – à qui tu manques quand même un peu! Surtout à l'heure des repas quand on aurait besoin d'un chef moins nul que Marc!!!

*Dominique*

✗ DO NOT PHOTOCOPY

## 3 Comparer

Comparez le vocabulaire auquel vous aviez pensé avec celui du texte. Aviez-vous prévu ce qui s'est vraiment passé? Les incidents du texte correspondent-ils à ceux que vous aviez envisagés?

## 4 Ordonner

Complétez le tableau suivant en y insérant des détails pris dans le texte. Mettez l'histoire dans l'ordre chronologique. L'e-mail est daté lundi 12 août. Il faut bien lire le texte pour trouver l'ordre des événements. Ecrivez de courtes phrases. Deux exemples vous sont donnés.

| Jeudi | Accident de Florent |
|---|---|
| Vendredi | |
| Samedi, avant le petit déjeuner | |
| Samedi, 9h | |
| Samedi, 10h | |
| Samedi, 12h | |
| Samedi, 13h–14h30 | |
| Samedi, 14h30 | |
| Samedi, 15h | |
| Samedi, 18h | |
| Dimanche | Fin de la descente |
| Lundi 12 août | |

✗ DO NOT PHOTOCOPY

5 Former des paires

Complétez le tableau : trouvez dans liste les expressions qui correspondent à celles qui se trouvent dans la colonne de gauche.

- suddenly
- finally / in the end
- the next / following morning
- the day before
- afterwards
- until X o'clock
- about one o'clock
- at X o'clock in the evening
- at the beginning / early on
- today
- after X hours
- then / next
- X days before
- by / at X o'clock
- after X hours
- at about midday
- X hours later

X jours avant	X days before
la veille	
enfin	
le lendemain	
dès Xh	
au début	
au bout de X heures	
finalement	
vers midi	
X heures plus tard	
après	
jusqu'à X h	
tout à coup	
à X heures pile	
le lendemain matin	
aujourd'hui	
puis	then / next

 © Advance Materials 2009 *Bien lire, bien écrire – Livre de l'étudiant*

DO NOT PHOTOCOPY

## 6 Choisir

Examinez les expressions familières dans la colonne de gauche, qui apparaissent également dans cet ordre dans le texte, et, pour chacune, choisissez dans la colonne de droite l'une des deux définitions proposées pour chaque expression.

| | |
|---|---|
| *c'est vraiment pas de pot* | quel courage / quelle malchance |
| *avoir la trouille* | avoir peur / être enthousiaste |
| *engueuler quelqu'un* | encourager / gronder |
| *se payer une sale tronche* | tirer le mauvais numéro / avoir une drôle de tête |
| *être crispé un max* | être très stressé / se sentir en pleine forme |
| *rigoler* | rire / sourire |
| *un mec* | un homme / un mécanicien |
| *nul* | bon à rien / super |

## 7 Reformuler

Mettez les phases suivantes au passé composé. N'oubliez pas d'accorder le participe passé des verbes si nécessaire. Ecrivez ensuite un paragraphe qui résume le texte avec ces nouvelles phrases au passé en utilisant les expressions de temps que vous venez d'apprendre et en utilisant le plus de mots de liaison possible tels que *puis* ou *ensuite* par exemple. (Vous arriverez ainsi à avoir un résumé du texte.)

1 Le groupe part samedi.

2 Dominique et Justine arrivent de bonne heure à la rivière.

3 Ils cueillent des fraises.

4 Tout le monde monte dans les canoës.

5 Les jeunes pagaient vigoureusement dans le courant.

6 Ils se mettent tous à l'ombre d'un arbre, s'endorment très vite et font une belle sieste.

7 Le groupe reprend la descente.

8 Le canoë de Marc et Justine se retourne et les jeunes tombent à l'eau.

9 Heureusement, Justine ne se noie pas.

10 Tout le monde dort bien à la belle étoile cette nuit-là!

✗ DO NOT PHOTOCOPY

## 8 Récrire

Quand on parle entre copains, on utilise souvent un ton et un registre plus familiers. Les phrases suivantes auraient pu être utilisées lors de l'aventure en canoë. Ré-écrivez-les en leur donnant un ton plus familier. Vous pouvez:

- Changer *nous* en *on* (n'oubliez pas de changer la forme du verbe!)

- Laisser tomber le *ne* dans les phrases négatives

- Changer *tu* en *t'* devant une voyelle

- Changer *cela* en *ça*

- Utiliser un vocabulaire argotique

1  Alors, nous partons?

2  Je n'ai pas envie de partir – j'ai peur!

3  Mais enfin, ce n'est pas comme cela qu'il faut le faire!

4  Imbécile! Il ne faut pas faire cela!

5  Ce n'est pas vrai. As-tu pris une photo de moi dans l'eau ?

6  Nous nous arrêtons bientôt pour manger?

7  Avons-nous le temps de manger?

8  Tu n'as pas encore goûté aux fraises!

9  Attention, Marc!

10 Tu as eu peur, non?

## 9 | Rechercher sur l'internet

Mettez-vous en groupe. Choisissez un moteur de recherche en langue française puis tapez dans la boîte de dialogue le nom d'une région de France ou d'un pays francophone connus pour le tourisme et les vacances, par exemple, les Alpes, la Côte d'Azur ou le Maroc. Notez les formules de séjour et les activités qui sont disponibles.

## 10 | Imaginer

Imaginez maintenant que vous avez passé vos vacances dans la région sur laquelle vous venez de faire une recherche. Vous allez planifier et écrire un compte-rendu. Que s'est-il passé? Qu'avez-vous fait? Avez-vous survécu à des dangers, comme Justine et Marc?

Chaque membre de votre groupe imagine un événement ou un incident et en discute avec les autres. Éliminez toutes les contradictions qui existent ou qui pourraient exister. Ecrivez une liste avec quelques détails et distribuez-en une copie à chaque membre.

## 11 | À vos claviers!

Chaque membre de votre groupe écrit maintenant sa version des événements. Vous pouvez illustrer votre texte avec des images puisées sur l'internet ou dans vos photos de vacances. Vous pouvez utiliser les expressions temporelles de l'Exercice 5. Si vous voulez, vous pouvez publier votre version finale sur le site web de la section des langues vivantes de votre établissement.

# 6 Récit

Vous allez lire un texte comique comme on peut en trouver dans les magazines et les revues. Il s'agit du récit d'une succession d'accidents qui se sont produits au cours d'une soirée. Ce qui a semblé tragique sur le moment a fini par paraître, avec un peu de recul, franchement comique.

## 1 Anticiper

Faites une liste des verbes que l'on peut utiliser pour raconter

- des accidents survenus à la maison

- ce qui s'est passé après ces accidents

## 2 Lire

Lisez le texte au moins deux fois. Cherchez dans un dictionnaire les mots et expressions que vous ne connaissez pas.

 © Advance Materials 2009 *Bien lire, bien écrire – Livre de l'étudiant* ✗ **DO NOT PHOTOCOPY**

# Une soirée désastreuse

**Dans votre numéro du 12 août, vous demandiez qu'on vous envoie des récits d'accidents comiques. Voici ce qui est arrivé à un ami, Antoine, alors qu'il pensait passer une soirée bien tranquille chez lui.**

Antoine est rentré tard ce soir-là, très fatigué après une journée difficile au bureau. Quel soulagement de retrouver le cadre familier et tranquille de l'appartement qu'il occupait avec Vanessa! Devant sa mine fatiguée, Vanessa lui a conseillé d'aller se reposer au salon, et lui a servi un verre de son vin favori.

Ravi, Antoine a alors voulu s'asseoir sur le canapé du salon. Mais malheureusement il n'avait pas vu le chat qui était confortablement endormi dessus. En essayant d'éviter l'animal à la dernière minute, il a manqué le canapé et s'est écroulé. Il a tenté de se relever – en criant de douleur parce qu'il s'était fait mal au dos. Mais le vin répandu par terre avait rendu le sol glissant et alors qu'Antoine était presque arrivé à se redresser, son pied gauche a dérapé sur la flaque.

Vanessa s'est précipitée pour tenter de le retenir. Trop tard! Il a perdu l'équilibre et a entraîné dans sa chute la bouteille de vin qui s'est brisée et lui a entaillé le pied.

En voyant la profondeur de la blessure, Vanessa a tout de suite téléphoné au SAMU, puis, en attendant les infirmiers, elle s'est mise à bander provisoirement le pied d'Antoine. Pour faire tenir le bandage, elle a alors eu la bien mauvaise idée d'utiliser une épingle qui se trouvait dans un tiroir. Mais comme Antoine, secoué par sa chute, tremblait, l'aiguille est allée s'enfoncer dans son pied! Nouveau cri de douleur, alors même qu'on sonnait à la porte d'entrée.

✘ DO NOT PHOTOCOPY

Vanessa a laissé le pauvre Antoine par terre pour aller ouvrir.

Quelques minutes plus tard, deux infirmiers sont entrés. Ils ont examiné le pied d'Antoine et ont déclaré que la blessure était assez profonde. Il fallait maintenant l'emmener à l'hôpital. Comme le blessé ne pouvait pas marcher, ils l'ont installé sur une civière pour le transporter dans l'ambulance. En descendant l'escalier, l'un des ambulanciers a demandé à Antoine comment tout cela était arrivé. En écoutant le récit de cette soirée désastreuse, les ambulanciers ont éclaté de rire. Par conséquent, ils n'ont pas vu le ballon de football que des enfants avaient oublié dans l'escalier. Le premier ambulancier a soudain perdu l'équilibre et a entraîné dans sa chute son collègue et la civière!

Patatras! Dans un bruit de chute épouvantable, les trois hommes et la civière ont dégringolé les marches et sont allés s'écraser contre la porte d'entrée.

Drôle de soirée! Il a fallu plusieurs semaines de convalescence avant qu'Antoine, lui aussi, arrive à en rire!

*Chantal*
Neuilly-sur-Seine

### **3** Comparer

Comparez vos verbes de l'Exercice 1 avec ceux qui sont dans le texte. Ajoutez à votre liste ceux auxquels vous n'aviez pas pensé.

✘ DO NOT PHOTOCOPY

## 4 Ordonner

Mettez les événements suivants dans le bon ordre. Soulignez dans le texte les équivalents des expressions que nous avons employées.

1   En se levant, il a mis le pied dans la flaque de vin.

2   Les ambulanciers qui sont arrivés ont décidé d'hospitaliser la pauvre victime de cette série d'accidents.

3   En tombant, il a fait tomber la bouteille de vin.

4   Quelques semaines plus tard, Antoine, lui aussi, a ri des événements.

5   Antoine est rentré à l'appartement qu'il partage avec sa compagne.

6   Antoine allait s'asseoir quand il a vu le chat sur le sofa.

7   Celle-ci s'est brisée et un morceau l'a blessé au pied.

8   En essayant de bander la blessure, Vanessa a piqué Antoine avec une épingle.

9   En descendant la civière, ils ont commencé à rire et sont tombés dans l'escalier.

10  Vanessa lui a servi à boire.

11  Il a essayé de ne pas l'écraser et il est tombé par terre.

## 5 Classer

Certains mots et expressions sont utilisés pour faire avancer un récit (par exemple *puis* ou *plus tard*). Décidez si les mots et expressions en gras font progresser l'histoire chronologiquement ou pas.

1   **Devant sa mine fatiguée**, Vanessa lui a conseillé d'aller se reposer au salon **et** lui a servi un verre de son vin favori.

2   Antoine a **alors** voulu s'asseoir sur le canapé du salon.

3   **Trop tard!** Il a perdu l'équilibre …

4   Vanessa a **tout de suite** téléphoné au SAMU, **puis**, en attendant les infirmiers, elle s'est mise à bander provisoirement le pied d'Antoine.

5   **Pour faire tenir le bandage**, elle a **alors** eu la bien mauvaise idée d'utiliser une épingle …

6   Mais **comme** Antoine, secoué par la chute, tremblait, l'aiguille est allée s'enfoncer …

7   Nouveau cri de douleur, **alors** même **qu'**on sonnait à la porte d'entrée.

8   Il fallait **maintenant** l'emmener à l'hôpital.

9   **Par conséquent**, ils n'ont pas vu le ballon de football.

10  Le premier ambulancier a **soudain** perdu l'équilibre.

11  Il a fallu plusieurs semaines de convalescence **avant qu'**Antoine, lui aussi, arrive à en rire!

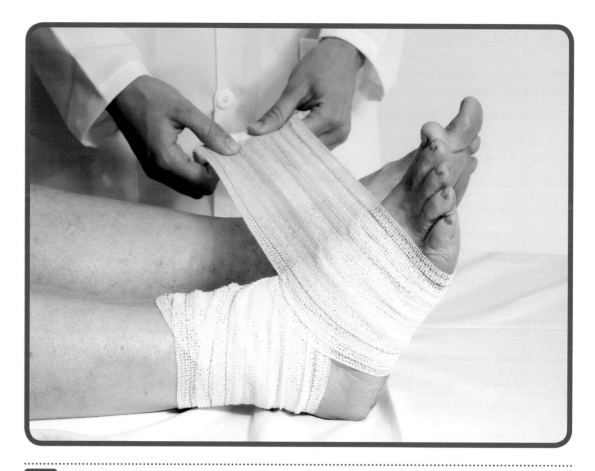

## 6  Réviser a)

Mettez à la forme correcte du passé composé les verbes donnés à l'infinitif. (Cet exercice vous sera utile pour votre propre récit, où vous utiliserez le passé composé.)

1  Antoine (retourner) à l'appartement où il habitait avec Vanessa.

2  Elle lui (servir) à boire.

3  Antoine (vouloir) s'asseoir sur le canapé, mais il ne pas (voir) le chat.

4  Il (crier) de douleur parce qu'il (se faire) mal au dos.

5  Vanessa (attendre) l'arrivée des ambulanciers.

6  Elle (avoir) une très mauvaise idée – utiliser une épingle.

7  Les ambulanciers (se mettre) à descendre l'escalier.

8  Ils (rire) des événements qui s'étaient produits.

9  Les deux infirmiers et leur patient (tomber) dans l'escalier.

10 Au bout de quelques semaines, Antoine (pouvoir) rire de cette histoire ridicule.

## 6 Réviser b)

Transformez les phrases suivantes en utilisant *en + participe présent* pour indiquer la simultanéité des deux actions, comme dans l'exemple. Vous utiliserez cette construction dans votre propre récit.

**Exemple**

**Alors qu'elle pansait** la blessure, Vanessa a fait mal à Antoine.

→ **En pansant** la blessure, Vanessa a fait mal à Antoine.

1  **Alors qu'il s'asseyait**, Antoine a renversé son verre de vin.

2  **Alors qu'il se relevait**, Antoine s'est fait mal au dos.

3  **Alors qu'elle bandait** le pied blessé d'Antoine, Vanessa l'a piqué avec l'épingle.

4  **Alors qu'ils descendaient** l'escalier, les ambulanciers ont glissé.

5  **Alors qu'il rentrait** chez lui, Antoine a réfléchi à ces événements finalement comiques.

## 7 Composer

**Travail à deux.**

On va vous donner deux images qui font partie d'une histoire. Décrivez brièvement par écrit ce qui se passe sur ces images.

## 8 Assembler

Vous allez maintenant travailler avec deux autres étudiants qui ont les autres éléments de l'histoire. À vous de décider de l'ordre des images et de raconter l'histoire complète. Utilisez, entre autres, le passé composé, *en + participe présent* et les expressions que vous avez notées dans l'Exercice 5.

## 9 À vos claviers!

Tapez maintenant sur ordinateur la version définitive de votre histoire. Les différentes versions seront affichées dans votre salle de classe, à côté des images. Lisez-les et notez les différences.

DO NOT PHOTOCOPY

# 7 Souvenirs personnels

Vous allez lire un court extrait des souvenirs d'une Française. Elle y parle de l'attachement de son grand-père pour sa ville natale. Après avoir examiné ce texte de près, vous allez créer le portrait d'un personnage, réel ou fictif, en vous concentrant sur son caractère plutôt que sur son physique, et sur les événements marquants de sa vie.

## 1 Anticiper

Des noms et dates vont certainement apparaître dans ce genre de texte. Quels autres détails va-t-on mentionner, selon vous?

## 2 Comparer

Comparez votre liste avec celles des autres étudiants. Y a-t-il des différences? Pouvez-vous vous mettre d'accord sur une liste définitive?

## 3 | Lire

Lisez le texte au moins deux fois. Cherchez dans un dictionnaire les mots et expressions que vous ne connaissez pas.

Mon grand-père Jean est né en 1921 à Copale, une petite ville de province située dans le nord de la France. D'ailleurs, les membres de notre famille vivent dans cette région depuis des générations. Depuis qu'il m'a raconté son enfance, je comprends mieux l'attachement qu'a mon grand-père pour sa ville. En 1921, son père est mort des suites de blessures reçues pendant la Première Guerre mondiale. Jean n'avait que trois mois. Comme sa mère travaillait, il lui avait fallu grandir seul et passer toutes ses vacances à courir les rues avec les gamins de son âge. Le jour de ses 17 ans, alors qu'il se préparait à passer ses examens, Jean a appris en écoutant la radio que la guerre venait d'être déclarée contre l'Allemagne.

Trop jeune pour être mobilisé, il est parti avec sa mère à quelques kilomètres de Copale, dans une ferme à la campagne où, croyait-on, les populations civiles étaient plus à l'abri. Ils ont passé presque deux années loin de chez eux car leur maison était occupée par les Allemands. Enfin, après le jour J, et voyant que les bombardements des alliés n'étaient plus aussi fréquents, Jean et sa mère ont décidé de rentrer chez eux. Dix jours plus tard, le 15 juin 1944, alors qu'ils étaient tous deux endormis dans leur maison, les bombes se sont mises à tomber. Des vedettes allemandes s'étaient réfugiées à Boulogne et les alliés étaient en train de les torpiller. Jean et sa mère se

sont précipités à la cave et, serrés l'un contre l'autre dans l'obscurité, ils ont écouté pendant des heures le sifflement des bombes qui détruisaient leur ville dans un fracas épouvantable. Au petit matin, quand Jean est remonté de la cave, il a découvert sa maison en ruines comme presque toutes les maisons de la rue. La ville avait été détruite à 80%.

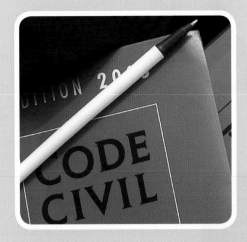

Après la guerre, mon grand-père a essayé de reprendre ses études. Ce n'était pas facile car tout avait été bouleversé par la guerre. Son père étant mort, il avait très peu de ressources. Mais il était déterminé à devenir avocat. Pendant toute la durée de ses études, il a travaillé comme surveillant dans une école pour gagner sa vie. Il devait souvent passer ses nuits à étudier. Enfin, après quatre années de travail acharné, il a obtenu son diplôme. Pendant des années, il a mené une brillante carrière. Il était alors connu dans toute la région pour l'intelligence de ses plaidoiries. Il ne me l'a pas avoué car il a toujours su rester modeste, mais je l'ai lu dans des journaux de l'époque.

Je suis fière d'y avoir lu les articles le concernant et de découvrir ses photos: en fait il n'a pas tant changé ; je retrouve bien ce regard vif et si expressif derrière ses lunettes, son front haut et large, son sourire généreux et la mèche de cheveux qu'il relève toujours d'un geste bref. En 1975, il est devenu maire de la ville. Il a alors consacré toute son énergie à se battre pour que sa ville retrouve le dynamisme qu'elle avait avant la guerre. Il termine ses jours tranquillement, dans cette ville où il est né, dans la maison même qu'il a fait rebâtir après la guerre. J'aime passer du temps avec lui. Parfois il me raconte sa jeunesse et moi je lui explique comment utiliser l'ordinateur. D'ailleurs je lui ai fait promettre d'écrire un jour ses mémoires!

## 4 Ordonner

Dans quel ordre les informations suivantes sont elles présentées?

1 Études

2 Retour à Copale

3 Exil à la campagne

4 Naissance du grand-père

5 Travail professionnel

6 Bombardement de la ville

7 Fonction de maire

8 Présentation de la ville de Copale

9 Mort de l'arrière-grand-père

10 Enfance de Jean

11 Déclaration de la guerre

## 5 Discuter

Discussion en groupe:

- Selon vous, pourquoi l'auteur a-t-il raconté les faits dans cet ordre?

- Aurait-il été préférable d'utiliser un ordre différent?

- Allez-vous suivre le même ordre pour raconter la vie de votre personnage?

- De quoi votre décision pourrait-elle dépendre?

## 6 Décider

Dites, pour chacune des phrases suivantes

- s'il s'agit de l'exposé d'un fait ou de la description d'une situation

- quel est le temps du verbe employé

1 Mon grand-père est né en 1921

2 Jean n'avait que trois mois

3 les populations civiles étaient plus à l'abri

4 les bombardements des alliés n'étaient plus aussi fréquents

5 la mère de Jean a décidé de rentrer chez elle avec son fils

6 ils étaient tous deux endormis dans leur maison

7 Jean est remonté de la cave

8 sa maison était en ruines

9 mon grand-père a essayé de reprendre ses études

10 ce n'était pas facile

11 il a obtenu son diplôme

12 pendant des années, il a mené une brillante carrière

## 7 Choisir

Quel temps du verbe (passé composé ou imparfait) faut-il utiliser dans le texte suivant?
Écrivez la forme correcte du verbe.

*Mon grand-père (naître) en 1920. À cette époque-là, sa famille (habiter) à
Saint-Jean-de-Luz. Mon arrière-grand-père (être) charpentier et son épouse
(s'occuper) de la maison, comme la plupart des femmes. Mon grand-père
(aimer) les livres, et quand il (aller) à l'école pour la première fois, il (savoir)
déjà lire, ce qui (irriter) l'instituteur.*

*Il (écrire) une lettre à ses parents, dans laquelle il leur (dire) qu'ils (devoir)
s'occuper de leurs propres affaires!*

## 8 Créer

Faites des recherches sur la vie d'un personnage qui vous intéresse. Par groupes de
quatre, examinez les différents aspects de sa vie. Chacun(e) se concentrera sur un
aspect particulier pour rédiger un paragraphe:

- La famille et l'habitation

- Le caractère du personnage

- Un ou deux événements marquants dans sa vie

- Ce qui s'est passé vers la fin de sa vie

Utilisez des livres, des encyclopédies ou Internet pour vous aider.

### 9 Composer

Remettez-vous en groupe et lisez vos paragraphes à haute voix. Éliminez toutes les contradictions qui existent dans vos textes. Décidez de l'ordre dans lequel vous allez raconter les faits. Écrivez ensuite une première version du récit.

### 10 À vos claviers!

Tapez la version définitive du récit de la vie de votre personnage. Vous pouvez l'illustrer avec des photos ou des images scannées, ou vous pouvez y ajouter des dessins ou des portraits pour montrer votre personnage dans les situations que vous avez décrites.

### 11 Rechercher sur l'internet

Choisissez un moteur de recherche en langue française, puis tapez dans la boîte de dialogue le nom d'un personnage historique sur lequel vous voulez savoir davantage de choses. Parmi toutes les réponses, vous trouverez certainement une biographie. Imprimez-la et surlignez les passages qui décrivent le caractère de ce personnage et les événements marquants de sa vie. Affichez cette biographie dans votre salle de classe.

# 8 Biographie

Vous allez lire un article qui raconte la vie du chanteur Johnny Hallyday, célèbre en France depuis plus de 50 ans, mais presque inconnu au-delà des pays francophones. Vous remarquerez le style de ce texte: le temps présent, en particulier, est souvent utilisé pour raconter les événements marquants de la vie de la star. Vous écrirez ensuite un article du même genre sur une vedette de votre choix.

## 1 Anticiper

Faites une liste des détails qui, d'après vous, seront mentionnés dans l'article (par exemple: date de naissance, service militaire, etc.)

## 2 Comparer

Comparez votre liste avec celles de vos camarades. Justifiez vos choix.

## 3 Lire

Lisez le texte au moins deux fois. Recherchez dans un dictionnaire les mots et les expressions que vous ne connaissez pas.

# Johnny Hallyday

80 millions de disques vendus, 50 albums, plus de 900 chansons et plus de 50 ans de carrière ininterrompue, ce palmarès impressionnant fait de Johnny Hallyday le chanteur le plus populaire de France.

Mais qui est ce Johnny tellement aimé des Français, tellement ignoré au-delà des pays francophones? Jean-Philippe Smet, de son vrai nom, est né à Paris en 1943. Son père, Léon Smet, est belge. Directeur d'une école d'art dramatique, il se produit aussi dans un cabaret à Paris. En 1942, il rencontre Huguette. Belle, timide, d'origine très modeste, elle est séduite par ce beau parleur, drôle et plus âgé qu'elle. Mais Léon a un caractère instable et un penchant pour la boisson. Un an après la naissance de leur fils Jean-Philippe, Léon quitte le foyer en abandonnant sa femme et son fils qu'il ne reverra que 21 ans plus tard. Cette absence de père, dont il souffrira toujours, restera une déchirure pour Johnny.

Huguette, qui a entamé une carrière de mannequin, confie son enfant à Hélène Mar, sœur de Léon. C'est elle que Johnny appellera « Maman », ignorant longtemps que celle qu'il appelle « Huguette » et voit rarement est en fait sa mère.

  ✗ DO NOT PHOTOCOPY

Avec Hélène et ses filles Desta et Menen, qui se destinent toutes deux à la danse, Johnny va passer une enfance faite de nombreux déplacements: il change de logement, de ville, de pays, selon les obligations professionnelles de ses cousines. Dès son plus jeune âge, il connaît les coulisses des théâtres, les loges des artistes, mais très peu les écoles. Lui qui rêve d'une enfance « normale », comme celle des garçons de son âge, souffre de la marginalité dans laquelle se déroule son enfance.

Sa tante, sûre qu'il deviendra un grand artiste, lui fait donner des cours de guitare, de chant et de danse. James Dean, Elvis Presley, Ray Charles sont ses héros. Il est fou de rock and roll et imite le style de ses idoles.

En 1956, à Copenhague, alors qu'il n'a que 13 ans, Johnny chante sur scène pour la première fois, habillé en cow-boy. C'est en 1960 que sa carrière démarre avec un premier disque dont il va vendre plus de 100 000 exemplaires et un premier concert à Paris où le public se déchaîne devant ce rocker à la française qui se roule sur la scène, arrache sa chemise: du jamais vu! Pendant les dix années suivantes, les concerts de Johnny Hallyday seront synonymes de bagarres, sièges cassés, hurlements et interventions de la police.

Les intellectuels et les critiques s'acharnent sur celui qu'ils appellent « la caricature des pires rockers américains » et dont la carrière sera, selon eux, « éclair ». Mais la jeunesse, très attirée par la musique anglo-saxonne et venant de découvrir grâce à lui le rock and roll, ou du moins un rock and roll à la française, est enthousiasmée. Et, au cours des années, Johnny va savoir changer de style, de look, s'adapter aux exigences de son public, fidèle à sa devise : « Plutôt crever que d'arrêter. »

Sa vie privée et ses amours font la une des journaux: mariage avec Sylvie Vartan en 1960, séparations, retrouvailles, divorce, tentative de suicide, solitude, remariages. Ses paroliers s'inspirent de sa vie et de ses états d'âme et lui écrivent des dizaines de chansons autobiographiques, qui deviennent des tubes: *Que je t'aime, Noir c'est noir, Je suis seul.* Pour ses fans, qui lui sont fidèles depuis ses débuts, Johnny fait partie de leur vie et ils se retrouvent dans les paroles de ses chansons. À chacun de ses concerts, son succès se confirme: 250 000 personnes viennent l'applaudir en 1993 au Parc des Princes où il fête ses 50 ans. En 1998, Johnny Hallyday remplit le Stade de France. Le 14 juillet 2000, enfin, plus de 100 000 personnes se massent sur le Champ de Mars pour suivre son concert gratuit. De nouveau en 2003, c'est devant un Parc des Princes comble qu'il fête ses 60 ans. Johnny a annoncé en 2007 qu'il arrêterait les concerts après 2009, année au cours de laquelle il fera sa « Tournée d'adieu » à travers la France.

Ses nombreux fans, eux, ne veulent croire qu'à un simple « au revoir » du Johnny qu'ils aiment depuis presque 50 ans.

### 4 Vérifier

Comparez votre liste au texte que vous venez de lire. Aviez-vous bien prévu les détails qui devaient être mentionnés dans ce texte? Y en a-t-il auxquels vous ne vous attendiez pas? Quels sont-ils?

### 5 Remanier

Réécrivez le passage suivant au présent pour le rendre plus vivant, plus immédiat. (Ce style convient bien au ton d'un article sur un artiste populaire.) Quel temps vaut-il mieux utiliser pour la dernière phrase?

> *Le père de Johnny était belge. Directeur d'une école d'art dramatique, il se produisait souvent dans un cabaret à Paris. En 1942, il a fait la connaissance d'Huguette. Belle, timide, d'origine très modeste, elle est tombée sous l'influence de ce beau parleur. Mais Léon était de caractère instable et il avait un penchant pour la boisson. Un an après la naissance de leur fils, Léon est parti. Johnny ne l'a revu que 21 ans plus tard.*

### 6 Relier

Reliez les phrases suivantes en utilisant *qui* ou *que*, comme dans les exemples.

**Exemples**

Ce beau parleur séduit Huguette. Elle est très belle mais très timide.

→ Ce beau parleur séduit Huguette qui est très belle mais très timide.

Léon quitte sa femme et son fils. Il ne les reverra que 21 ans plus tard.

→ Léon quitte sa femme et son fils qu'il ne reverra que 21 ans plus tard.

1   L'enfant est confié à Hélène par Huguette. Elle a trouvé du travail comme danseuse.

2   Johnny adore Hélène. Il l'appelle « Maman », ignorant qu'elle est en fait sa tante.

3   Les fans adorent ce rocker français. Il arrache tous les soirs sa chemise sur scène.

4   Cette nouvelle musique attire la jeunesse française. Elle a découvert le rock and roll.

5   Le succès continu de cette superstar française est dû à la diversité des styles. Il sait les adopter tout au long de sa carrière.

## 7 Reformuler

Vous trouverez dans le texte plusieurs phrases contenant des listes de noms ou d'adjectifs. Ce style donne à la phrase un certain élan, une certaine vivacité. Quelles sont les phrases qui correspondent à ces versions plus longues?

**Exemple**

Elle était belle, elle était timide et elle était d'origine très modeste et elle est séduite par ce beau parleur.

**Texte:** Belle, timide et d'origine très modeste, elle est séduite par ce beau parleur.

1   Il change de logement, il change de ville et il change de pays selon les obligations professionnelles de ses cousines.

2   Il connaît les coulisses des théâtres, il connaît les loges des artistes mais il connaît très peu les écoles.

3   Sa tante lui fait donner des cours de guitare, elle lui fait suivre des cours de chant et des cours de danse.

4   Johnny va savoir changer de look, il va savoir changer de style et il va savoir s'adapter aux exigences de son public.

5   Sa vie privée et ses amours font la une des journaux: il se marie avec Sylvie Vartan en 1960, il se sépare d'elle plusieurs fois, il la retrouve, il divorce, il tente de se suicider, il est seul, il se remarie plusieurs fois.

## 8 Condenser

Condensez les phrases suivantes en imitant le style vu dans l'Exercice 7.

1   Léon Smet est beau. Il est bavard et il est chic. Léon Smet est très attirant. (Commencez de cette manière: « Beau, … »)

2   Au début de la carrière de Johnny ses concerts étaient mouvementés. Les spectateurs se déchaînaient. Les garçons démolissaient les sièges, ils se bagarraient, les filles hurlaient. La police intervenait.

3   Les fans de Johnny savent tout de lui: ils connaissent ses liaisons avec des vedettes de cinéma, ils sont au courant de ses difficultés financières, de ses problèmes avec le fisc, de ses joies, de ses peines.

**ENTREE DES ARTISTES**

## 9 Rechercher

Par groupes de trois ou quatre, faites des recherches sur une vedette de votre choix.

Chaque étudiant doit utiliser une source différente: magazines, Internet, encyclopédie (par exemple de la musique pop, du cinéma, du théâtre), etc.

Quand vous aurez rassemblé toutes les informations, vous discuterez de ce qu'il faut inclure dans votre article et de ce qu'il faut supprimer. Votre article devra être de la même longueur que celui sur Johnny Hallyday.

## 10 Écrire

Écrivez un brouillon de votre article. Utilisez les procédés de style sur lesquels vous avez travaillé dans les exercices précédents (présent historique, propositions relatives, information condensée). Votre texte doit être vivant!

## 11 Rédiger

Vous allez maintenant remettre votre brouillon à un autre groupe qui perfectionnera votre style (et corrigera vos erreurs de grammaire s'il y en a!). Ensuite, vous vous mettrez d'accord sur les changements à apporter.

## 12 À vos claviers!

Tapez maintenant une version finale sur ordinateur. Illustrez-la avec des images téléchargées, scannées ou découpées dans des magazines. Tous les articles ainsi créés pourront être affichés dans votre salle de classe, avec leurs illustrations. Si plusieurs d'entre vous ont choisi la même personne, examinez ces différentes versions de la même histoire. Y a-t-il des différences?

## 13 Rechercher sur l'internet

Choisissez un moteur de recherche en langue française puis tapez dans la boîte de dialogue le nom d'un personnage célèbre qui vous intéresse. Imprimez des articles qui racontent les événements marquants de sa vie. Affichez ces pages dans votre salle de classe.

✘ DO NOT PHOTOCOPY

# 9 Faits divers

Vous allez tout d'abord mettre en commun ce que vous savez de la presse française. Vous lirez ensuite deux articles provenant de deux journaux de style différent. Pour finir, vous écrirez un article destiné à être publié dans un journal de type sérieux.

## 1 Anticiper

Vous allez lire deux articles de presse. Ils traitent du même événement, l'arrestation de deux escrocs, mais ils proviennent de deux journaux différents, l'un sérieux, l'autre à sensation. À vous d'anticiper ce que l'on trouvera dans ces deux articles. Pour vous aider, voici un tableau à compléter.

| | Journal sérieux | Journal à sensation |
|---|---|---|
| Gros titre | | long, accrocheur |
| Ton de l'article | posé, impartial | |
| Descriptions des personnes concernées | | nombreuses, détaillées |
| Descriptions des lieux | | colorées, minutieuses |
| Événements relatés | succinctement | |
| Commentaire | | humoristique |

### 2 Lire

Lisez les deux articles, au moins deux fois. À votre avis quel est celui qui a paru dans la presse à sensation?

# Un couple d'escrocs arrêté au Ritz

**Hier à 21h 30, trois policiers ont fait irruption dans la grande salle à manger du célèbre hôtel parisien.**

Un homme d'une trentaine d'années et sa compagne âgée de 23 ans ont été interpellés alors qu'ils s'apprêtaient à dîner dans le grand hôtel parisien où ils avaient réservé une suite pour la nuit.

Selon l'inspecteur Chelon, chargé de l'enquête, il s'agirait du couple qui, depuis plus de trois mois maintenant, descendait dans les plus grands hôtels et restaurants de l'Hexagone. Après un séjour d'une semaine au Grand Hôtel de Biarritz, ils avaient disparu sans payer. Leur signalement avait été communiqué aux services de police. Dans les palaces de la côte d'Azur, ils utilisaient de faux chéquiers pour régler leurs factures, souvent très élevées.

La police va devoir maintenant déterminer l'origine de ces chéquiers. Une enquête a été ouverte et le couple a été placé en détention provisoire.

# Ils n'ont même pas pu finir leur langouste!

Amoureusement attablés dans la luxueuse salle à manger du plus grand hôtel parisien, Marc Fougeron et sa compagne Danny, ravissante blonde d'une vingtaine d'années, trinquaient au champagne, samedi soir vers 22 heures.

Ils s'apprêtaient à déguster une langouste flambée que le maître d'hôtel venait de déposer sur leur table quand ils ont été surpris par trois policiers en uniforme.

Depuis plus de trois mois, ce jeune couple s'offrait des vacances princières. Elles avaient débuté par un séjour au Grand Hôtel de Biarritz, où ils se faisaient servir le champagne au bord de la piscine; puis en juillet, ils auraient loué un yacht luxueux avec personnel à bord, pour une croisière d'une semaine en Méditerranée. De retour de croisière, ils étaient allés se reposer dans un palace de la Côte d'Azur avant de remonter sur Paris en s'arrêtant dans les meilleurs restaurants. De vrais gastronomes!

Pour régler les factures, souvent astronomiques, rien de plus simple: Marc utilisait à tour de rôle des cartes de crédit volées ou de faux chéquiers.

En tout, 90 000 € dépensés en trois mois en palaces et restaurants. D'agréables vacances, somme toute.

Pas facile après cela de se faire à la cantine de la maison d'arrêt de Créteil!

✗ DO NOT PHOTOCOPY

### 3 Comparer

Comparez les détails de votre tableau à ceux que vous avez découverts en lisant les textes. Ajoutez ceux auxquels vous n'aviez pas pensé.

### 4 Compléter

Ajoutez des détails dans la grille qui suit, pour avoir une idée complète des événements. Quel journal vous donne l'image la plus vivante des gens et des événements?

| | Journal sérieux | Journal à sensation |
|---|---|---|
| Nom de l'hôtel | | |
| Noms des escrocs | | |
| Âge de l'homme | | |
| Âge de la femme | | une vingtaine d'années |
| Description de l'hôtel | grand hôtel parisien | |
| Heure | | vers 22 heures |
| Police | trois policiers | |
| Repas | ils s'apprêtaient à dîner | |
| Séjour | une semaine au Grand Hôtel de Biarritz | |
| Vacances | | |
| Activités ultérieures | dans les palaces de la Côte d'Azur | |
| Factures | souvent très élevées | |
| Modalités de paiement | faux chéquiers | |
| Total dépensé | | |
| Durée du délit | | trois mois |
| Incarcération | détention provisoire | |

✘ DO NOT PHOTOCOPY

## 5 Juger

Les adjectifs suivants sont-ils neutres ou font-ils appel aux émotions? De quel article chacun est-il extrait? Quelle conclusion en tirez-vous?

| Adjectif | Ton | Journal sérieux | Journal à sensation |
|---|---|---|---|
| grande | neutre | X | |
| luxueuse | | | |
| parisien | | | |
| ravissante | | | |
| princières | | | |
| jeune | | | |
| faux | | | |
| meilleurs | | | |
| élevés | | | |
| astronomiques | | | |
| agréables | | | |

## 6 | Trouver

Relisez les deux articles pour trouver les équivalents des phrases suivantes. Ensuite relevez les expressions de temps utilisées dans chacune des phrases (elles sont marquées en gras): vous pourrez vous en servir plus tard quand vous écrirez votre article.

**juste au moment où** ils allaient dîner

**lorsque** trois agents de police en uniforme les ont interrompus

**Voilà** plus de trois mois **qu'**ils vivaient comme des princes

**puis** ils sont remontés sur Paris

## 7 | Formuler

Réécrivez les phrases suivantes au passif. Faites particulièrement attention au temps du verbe.

Lequel des deux articles contient des phrases écrites au passif?

**Exemple**

On a interpellé un homme d'une trentaine d'années et sa compagne.

→ Un homme d'une trentaine d'années et sa compagne ont été interpellés.

1   On a suivi le jeune homme et sa compagne.

2   On a retrouvé les deux escrocs dans un des plus grands hôtels parisiens.

3  On les a vus dans plusieurs hôtels de la Côte d'Azur.

4  On avait communiqué leur signalement aux services de police.

5  On avait prévenu le gérant de l'hôtel de l'arrestation imminente.

## 8  Nuancer

Le conditionnel indique qu'un fait présenté n'a pas encore été prouvé.

**Par exemple:**

Selon l'inspecteur Chelon (…) **il s'agirait** du couple (…) qui descendait dans les plus grands hôtels et restaurants de l'Hexagone (…) puis en juillet, **ils auraient loué** un yacht luxueux avec personnel à bord.

Transformez les phrases suivantes de façon à indiquer qu'il s'agit d'une hypothèse non confirmée.

### Exemple

Ils allaient dîner dans le grand hôtel parisien où ils **avaient réservé** une suite.

→ Ils allaient dîner dans le grand hôtel parisien où ils **auraient réservé** une suite.

1  Selon l'inspecteur, le jeune couple **avait mené** la grande vie.

2  Les deux jeunes gens **avaient disparu** sans payer les factures d'hôtel.

3  Selon la police, Fougeron **avait utilisé** de faux chéquiers pour régler ses comptes.

4  Danny et son amant **avaient loué** un yacht luxueux avec personnel à bord.

5  Le jeune couple **est** actuellement détenu à la maison d'arrêt de Créteil.

### 9  Rédiger

Lisez le texte à la page 75. Il s'agit d'un article tiré d'un journal à sensation. À vous de le reformuler afin qu'il puisse paraître dans un journal sérieux. Discutez en groupe ou avec un partenaire des changements à effectuer.

N'oubliez pas de considérer les questions suivantes:

* Comment sera le gros titre? Long? Court? Accrocheur? Neutre?

* Quel ton devrez-vous adopter pour cet article?

* Comment seront les descriptions personnelles? Détaillées? Pittoresques? Croustillantes?

* Comment seront les descriptions des lieux où se produisent les événements?

* Faudra-t-il raconter tout ce qui s'est passé?

* Si vous ajoutez un commentaire, devra-t-il être plutôt humoristique?

* On ne peut pas toujours être certain des faits que l'on relate. Assurez-vous que vos lecteurs comprennent qu'il s'agit d'hypothèses non confirmées.

* Quels détails ajoutés par le journaliste pour donner du piquant à son texte faudra-t-il supprimer?

### 10  À vos claviers!

En utilisant un logiciel de micro-édition, vous pouvez donner à votre article l'apparence d'un article de journal. Allez-y!

### 11  Rechercher sur l'internet

Choisissez un moteur de recherche en langue française puis tapez dans la boîte de dialogue le nom d'un magazine français. Ensuite, recherchez leur rubrique *Actualités*, (ou une rubrique similaire) et choisissez un article qui parle d'un événement qui vous intéresse (que ce soit un crime, un accident ou une naissance, peu importe!). Imprimez l'article, puis choisissez un deuxième journal ou magazine. Trouvez dans celui-ci un article qui traite du même sujet. Imprimez-le. Surlignez les différences de style et les détails donnés. Affichez ces pages dans votre salle de classe.

# Une étoile s'est éteinte

L'inspecteur Grenet vient de rentrer chez lui après une longue et dure journée à la PJ du 20 arrondissement. Il vient de s'installer devant sa télévision, une bouteille de bière à la main, et se prépare à regarder un match de football quand la sonnerie du téléphone résonne dans son appartement vide. C'est un suicide. Il faut venir tout de suite. La personne est connue et les journalistes vont être sur les lieux d'ici peu. Dix minutes plus tard, l'inspecteur est sur place. Une nuit pluvieuse tombe sur cette rue déserte d'une banlieue parisienne. Dans la lumière des phares, Grenet voit la voiture bleue autour de laquelle s'agitent les policiers. Par terre, un corps inerte a été enroulé dans une couverture. Une mèche de cheveux blonds tremble dans le vent. Grenet s'approche et il la reconnaît: oui, c'est bien la jolie jeune femme qui avait été sélectionnée l'an dernier pour la finale du Concours Annuel de la Chanson. Toute la France s'était alors intéressée à elle. Elle avait fait la une de tous les journaux. Et puis, plus rien! Ça n'avait pas marché.

Depuis 5 jours, on la cherchait. C'est un gamin qui l'a retrouvée. Il s'était étonné de voir cette voiture garée à l'orée du bois. Près du corps, les policiers ont retrouvé des tubes de barbituriques. Pour mourir, Stéphanie avait gardé, serrées contre elle, les couvertures des magazines qui l'avaient photographiée souriante, belle et heureuse. Petite fille issue d'une banlieue pauvre, Stéphanie n'a pas supporté de retomber dans l'anonymat.

Elle a préféré s'en aller, loin de ses illusions perdues, emportant avec elle ses rêves et ses fantasmes.

# 10 Lettre de candidature

Vous allez tout d'abord lire la lettre de candidature qu'une jeune fille a envoyée à une société qui organise des séjours linguistiques à l'étranger, en réponse à une offre d'emploi parue dans la presse. Il s'agira ensuite de trouver les questions qui auraient pu susciter les informations données dans la lettre, pour créer un dialogue employeur / candidat. Pour finir, vous répondrez vous-mêmes à une offre d'emploi d'un genre semblable.

## 1   Anticiper

Quels sont les détails qu'il faudrait inclure dans une lettre de ce genre? Faites-en une liste.

## 2   Lire

Lisez le texte au moins deux fois. Recherchez dans un dictionnaire les mots et expressions que vous ne connaissez pas.

Christelle Toubon
7, rue de la Grande Chaussée
62200 Boulogne

Boulogne, le 12 mai 2009

Organisation Translingua
7, Avenue du Maine
75755 Paris

**Objet: Demande d'emploi d'animateur de séjours linguistiques**

Madame, Monsieur,

J'ai lu votre annonce pour un poste d'animateur de séjours linguistiques dans *Le Figaro* du lundi 11 mai 2009. Ce travail m'intéresserait beaucoup parce que je parle trois langues et que j'aime travailler avec les enfants et les adolescents.

J'ai 21 ans et la double nationalité (française / anglaise). J'ai habité en Angleterre jusqu'à l'âge de 12 ans, puis nous sommes venus nous installer en France où j'ai fini ma scolarité.

Après avoir obtenu le baccalauréat avec mention bien il y a deux ans, j'ai fait partie de l'échange Erasmus et j'ai passé une année entière à l'université de Berlin. J'ai commencé une licence d'allemand à l'université de Lille en 2008. Je parle donc deux langues couramment, le français et l'anglais, et je possède une bonne connaissance de l'allemand.

En 2007, j'ai obtenu un poste de monitrice de colonie de vacances. Pendant deux mois, je me suis occupée de jeunes de 10 à 16 ans. J'ai de nouveau passé deux mois dans le même centre l'été dernier. Vous trouverez ci-joint la lettre de référence du directeur du centre de colonies de vacances.

Je suis aussi très sportive et pratique régulièrement la natation, la voile, l'équitation et le vélo. J'ajouterais que je prends régulièrement des cours de guitare depuis 5 ans. Je commence à jouer assez bien – du moins, c'est ce que m'ont dit les jeunes dont je me suis occupée en colonie!

Depuis janvier, je suis secrétaire du Cercle Allemand à l'université. Ce poste m'a permis d'acquérir une bonne expérience des tâches administratives.

Dans l'attente de votre réponse et dans l'espoir que vous retiendrez ma candidature, je vous prie de croire, Madame, Monsieur, à l'assurance de mes sentiments les meilleurs.

*Christelle Toubon*

## 3 | Comparer

Comparez votre liste avec les détails fournis dans la lettre. Notez ceux auxquels vous n'aviez pas pensé.

## 4 | Former des paires

Trouvez dans la colonne de droite les réponses qui correspondent aux questions de la colonne de gauche.

| | |
|---|---|
| 1 Où est-ce que vous avez vu notre annonce? | **A** J'ai 21 ans |
| 2 Quel âge avez-vous? | **B** J'aime travailler avec les enfants et les adolescents |
| 3 Quand est-ce que vous avez commencé vos études universitaires? | **C** Vous trouverez ci-joint la lettre de référence du directeur du centre de colonies de vacances |
| 4 Pourquoi voulez-vous avoir un poste chez Translingua? | **D** J'ai lu votre annonce dans *Le Figaro* |
| 5 Qu'est-ce que avez fait pendant les grandes vacances? | **E** J'ai commencé une licence d'allemand à l'Université de Lille en 2008 |
| 6 Combien de temps avez-vous passé en Grande-Bretagne? | **F** Pendant deux mois, je me suis occupée de jeunes de 10 à 16 ans |
| 7 Combien de langues parlez-vous? | **G** J'ai habité en Angleterre jusqu'à l'âge de 12 ans |
| 8 Qui peut se porter garant pour vous? | **H** Je parle donc deux langues couramment, le français et l'anglais, et je possède une bonne connaissance de l'allemand. |

## 5 Noter

Notez les mots et expressions utilisés au début de chaque question dans l'exercice précédent. Vous vous en servirez pour l'exercice suivant.

## 6 Questionner

Pour chaque phrase de la lettre, trouvez une question qui aurait pu susciter l'information donnée. À noter: pour chaque phrase, plusieurs questions sont possibles!

## 7 Structurer

Dans quel ordre les informations suivantes sont-elles présentées? Pourquoi, à votre avis, Christelle a-t-elle choisi de les communiquer dans cet ordre?

a   Passe-temps

b   Échange avec l'Allemagne

c   Éducation scolaire

d   Travail avec des enfants

e   Éducation universitaire

f   Enfance

g   Référence à l'annonce parue dans *Le Figaro*

h   Mention de la référence de son employeur

i   Travail administratif

## 8 Transformer

Reliez les phrases suivantes en utilisant la construction *après avoir + participe passé* comme dans l'exemple ci-dessous.

J'ai travaillé comme monitrice. Ensuite, j'ai fait partie d'un échange scolaire avec l'Allemagne.

→ Après avoir travaillé comme monitrice, j'ai fait partie d'un échange scolaire avec l'Allemagne.

1   J'ai habité en Allemagne jusqu'à l'âge de 16 ans. Ensuite, je suis venu m'installer en France.

2   J'ai étudié à l'université de Lyon. Ensuite, j'ai fait une maîtrise à la Sorbonne.

3   J'ai été secrétaire dans une société exportatrice. Ensuite, j'ai accepté un poste de comptable.

4   J'ai appris l'anglais. Ensuite, je suis allée passer une année à Londres.

5   J'ai fait un stage de moniteur. Ensuite, j'ai travaillé dans une colonie de vacances.

## 9 Examiner

**Travail à deux.**

Examinez l'offre d'emploi suivante. Préparez des questions qui se réfèrent aux divers points mentionnés. Ensuite, posez ces questions à votre partenaire. Il / Elle fera de même pour vous. Vos réponses constitueront la base de la lettre dans laquelle vous poserez votre candidature à ce poste.

# Offre d'emploi

**Animasport – organisation spécialisée dans les vacances sportives – recherche de jeunes animateurs pour encadrer et accompagner des jeunes en colonie de vacances. Nos centres de séjour sont situés en Aquitaine, en Bourgogne et dans le Var.**

Nous recherchons des animateurs / animatrices ayant le profil suivant:

- 18 ans minimum
- bonne connaissance de deux langues européennes
- sens des responsabilités
- précision dans les tâches administratives
- expérience dans la prise en charge de jeunes et d'adolescents
- enthousiasme et idées pour l'organisation d'activités sportives
- excellentes références

(Le Brevet d'Animateur n'est pas obligatoire, mais constitue un avantage.)

Les candidats devront être disponibles pendant toute la période des vacances scolaires. Ils seront sélectionnés à l'issue d'un entretien avec les responsables d'Animasport.

Une journée de formation obligatoire est organisée fin juin pour les candidats sélectionnés.

Salaire: 350 € par semaine avec pension complète en famille.

Adresser CV et lettre manuscrite avant le 1$^{er}$ mai à l'adresse suivante:

**Animasport**
**165 Avenue Georges V**
**75008 Paris s.**

---

## 10 Esquisser

Vous allez poser votre candidature au poste de moniteur / monitrice. Écrivez le brouillon de votre réponse à l'annonce.

- Réfléchissez à l'ordre dans lequel vous voulez présenter les informations.
- Utilisez la construction *après avoir + participe passé* (voir Exercice 8).
- Utilisez un style soigné (voir ci-dessous).

## 11 À vos claviers!

Une fois votre lettre approuvée et corrigée, écrivez la version définitive, que vous remettrez à votre professeur.

| Matériel de référence: la lettre commerciale / le style soutenu | |
| --- | --- |
| Madame, Monsieur, | Dear Sir / Madam, |
| j'ai bien reçu …<br>j'accuse réception de … | I acknowledge receipt of … |
| j'ai lu votre annonce parue dans … | I read your advertisement in … |
| j'ai le plaisir de vous informer | I'm pleased to be able to tell you |
| j'ai le regret de vous informer | I'm sorry to have to tell you |
| pour des raisons indépendantes de notre volonté | for reasons beyond our control |
| je suis à même de … | I am able to … |
| je ne suis pas en mesure de … | I am unable to … |
| je vous prie de bien vouloir | please |
| veuillez | please |
| veuillez me faire parvenir | please send me |
| veuillez me faire savoir | please let me know |
| dans les plus brefs délais | as soon as possible |
| au cas où vous souhaiteriez … | if you should wish to … |
| je ferai tout mon possible pour … | I shall do everything possible to … |
| vous trouverez ci-joint / ci-inclus | please find enclosed |
| Veuillez agréer, Madame / Monsieur, l'expression de mes sentiments distingués | Yours faithfully |

# 11 Lettre commerciale

Vous allez lire une lettre commerciale rédigée en français. Dans ce genre de lettre, le langage est assez recherché et contient un grand nombre d'expressions prescrites – on pourrait même dire figées – qu'il faut absolument connaître si l'on veut pouvoir manier ce style de correspondance. Il en est d'ailleurs de même pour les lettres commerciales en anglais. Après avoir étudié cette lettre, vous en écrirez une du même style. Les instructions vous seront données par le cadre supérieur d'une société commerciale.

## 1 Anticiper

Faites (en anglais) la liste des expressions que l'on pourrait trouver dans une lettre commerciale provenant d'une société britannique. Imaginez qu'à la suite d'une conversation téléphonique, cette société souhaite passer une commande à une autre firme.

## 2 Lire

Lisez le texte au moins deux fois. Cherchez dans un dictionnaire les mots et expressions que vous ne connaissez pas.

# Le Jardin Parfumé

36 rue Royale
72000 Le Mans

Parfumeurs Associés
Avenue des Marronniers
Zone Commerciale Sud
28401 Nogent-le-Routrou

Le Mans, le 20 mars 20__

Vos réf: PA / JP

Objet: Commande de coffrets

PJ: Bon de commande no. JAR01 / –2307

Monsieur,

Nous avons bien reçu votre catalogue avec vos tarifs ainsi que les échantillons que nous vous avions demandés lors de notre communication téléphonique du 15 mars. Nous vous en remercions.

Bien que ces échantillons ne correspondent pas aux illustrations de votre catalogue, ils nous semblent correspondre au niveau de qualité que nous assurons à notre clientèle. Sur la base des prix mentionnés, nous avons donc décidé de vous passer la commande suivante:

– 2000 coffrets carrés dimension 5 sur 5 (CA / 8744 / 55)

– 2000 coffrets ronds (RA / 9534 / 07)

Il est impératif que les délais de livraison que nous avions fixés précédemment à 21 jours maximum soient respectés, pour les raisons que je vous avais mentionnées. En ce qui concerne cette commande, nous aurions besoin d'être livrés le 20 avril au plus tard.

Si des événements imprévus devaient occasionner un retard, nous vous serions reconnaissants de nous en avertir au plus vite.

Les factures seront réglées sous quinzaine à partir de la date effective de livraison.

Veuillez agréer, Monsieur, l'expression de mes sentiments les meilleurs.

*P. Gordan*

**Paul Gordan**
**Responsable des achats**

✘ DO NOT PHOTOCOPY

## 3   Comparer

Pouvez-vous repérer dans cette lettre la version française des expressions que vous aviez notées en anglais pour l'Exercice 1?

## 4   Trouver

Trouvez dans le texte les équivalents des expressions suivantes:

| | |
|---|---|
| 1 notre coup de téléphone | |
| 2 et | |
| 3 même si | |
| 4 il est essentiel que | |
| 5 pour ce qui est de | |
| 6 nous devons | |
| 7 veuillez | |
| 8 dans les deux semaines | |

### 5 Prendre en compte

Imitez l'exemple donné pour transformer les phrases suivantes. Quelle sera la conséquence de ces changements par rapport au style?

**Exemple**

**Même si** ces échantillons ne **sont** pas parfaits, ils nous semblent correspondre à nos besoins

→ **Bien que** ces échantillons ne **soient** pas parfaits, ils nous semblent correspondre à nos besoins.

1 Même si notre nouveau catalogue n'est pas prêt, nous sommes à même de vous envoyer des photocopies des modèles qui vous intéressent.

2 Même si le prix imprimé dans le catalogue ne correspond pas à votre facture, ce produit convient parfaitement aux besoins de notre client.

3 Même si nous ne sommes pas en mesure de remplacer cet article pour le moment, nous vous serions reconnaissants de nous le retourner au plus vite.

4 Même s'il y a une grève des transporteurs en ce moment, nous pensons vous livrer avant la fin du mois.

5 Même si notre personnel ne peut pas assurer la livraison dans les délais que vous aviez spécifiés, nous ferons tout notre possible pour vous donner satisfaction dans cette affaire.

### 6 Insister

Transformez les phrases suivantes de façon à rendre le ton plus autoritaire. Pour cela, utilisez les expressions *il est impératif que*, *il faut que*, *il est primordial que* ou *il est essentiel que*, suivies du subjonctif.

**Exemple**

Ces produits doivent être livrés avant le 3 février.

→ Il est impératif que ces produits soient livrés avant le 3 février.

1 M. Ducros doit prendre contact avec le responsable des achats.

2 Les échantillons doivent nous parvenir avant le 2 décembre.

3 Le modèle doit convenir aux besoins de notre client.

4 Vous devez régler cette affaire sous quinzaine.

5 Votre représentant doit faire tout son possible pour assister à la réunion de l'équipe.

✗ DO NOT PHOTOCOPY

## 7 Composer

**Travail à deux.**

Lisez les instructions du directeur des achats. Composez une lettre pour passer la commande à Emballux, en suivant ces instructions. L'un(e) de vous recherchera dans le dictionnaire le vocabulaire nécessaire, l'autre trouvera dans le texte que vous avez lu et dans les exercices que vous avez faits les expressions dont vous aurez besoin. En ce qui concerne les parties du texte soulignées par Mr. Jones, assurez-vous bien que votre interlocuteur comprendra l'intérêt primordial de ces instructions.

---

# Memorandum

Please draft a reply to
M. Jean Broglie, Emballux, 39 rue Saint-Sauveur, 75300 Paris

Reference: Their letter of 4th June and phone call of 10th June.

- Brochures received
- Picture-frames meet our required quality level although price very high
- Order 200 oblong frames (18cm by 12cm) and 250 round ones (diameter 20cm)
- Delivery by 2nd July at the latest
- Let us know if there are any problems
- We will pay invoice within 2 weeks

**C.P. Jones**
**Purchasing Manager**
**PhotoFrame International**
**Unit 14**
**Armstrong Industrial Estate**
**Gloucester GL2 2HT**

**www.photoframe.com**

---

## 8   À vos claviers!

Faites corriger votre brouillon par d'autres étudiants avant d'écrire votre version définitive. Référez-vous au modèle donné ci-dessous pour la position exacte des différents éléments qui composent une lettre commerciale (adresses, appel, etc…).

Si vous travaillez sur ordinateur, vous pourriez créer un en-tête spécial pour la société, par exemple en choisissant la police de caractères la mieux adaptée selon vous ou en vous servant d'un logiciel de graphisme.

## 9   Rechercher sur l'internet

Choisissez un moteur de recherche en langue française puis tapez dans la boîte de dialogue les mots « *lettre commerciale* » pour découvrir d'autres modèles dont vous pourrez vous inspirer.

Vous pourriez également rechercher le site d'une entreprise française qui manufacture un produit qui vous intéresse particulièrement (un produit alimentaire, vestimentaire, électronique, etc.). Examinez son catalogue puis envoyez-lui un courrier électronique pour demander plus de précisions. N'oubliez pas que la composition d'un e-mail suit les mêmes règles que celles d'une lettre commerciale envoyée par la poste (adresses, titre, etc.)

**La lettre commerciale – modèle**

# L'en-tête
*(Le nom et l'adresse de la firme qui envoie la lettre)*

L'adresse du destinataire

La ville, la date

Les références

L'objet *(le sujet de la lettre)*

Les pièces jointes *(PJ – les documents inclus)*

Le titre *(Madame, Monsieur, etc.)*

Le corps de la lettre

La formule de politesse

La signature

**Exemples de formules de politesse**

Veuillez agréer, Messieurs, (l'expression de) mes salutations distinguées.

Veuillez agréer, Monsieur, (l'expression de) mes sentiments distingués.

Veuillez agréer, Madame, l'assurance de mes sentiments respectueux.

Je vous prie de croire, Mesdames, à l'assurance de mes sentiments respectueux.

# 12 Lettre de réclamation

Vous allez lire une lettre de réclamation écrite par une cliente à une agence de voyages. Coralie et son mari sont allés passer leurs vacances à Istanbul. Mais dès le début de leur voyage, de nombreuses choses ont mal tourné. Coralie explique ce qui s'est passé et les conséquences qui en ont découlé. Elle demande des explications à l'agence de voyage. Après avoir travaillé sur ce texte, vous écrirez une lettre de réclamation dans laquelle vous vous plaindrez d'un voyage qui ne s'est pas du tout déroulé comme prévu.

## 1 Anticiper

**Travail à deux.**

Imaginez ce qui a pu se produire pendant le voyage et le séjour de Coralie. Prenez des notes.

## 2 Lire

Lisez le texte au moins deux fois. Cherchez dans un dictionnaire les mots et expressions que vous ne connaissez pas.

✗ DO NOT PHOTOCOPY

# Monsieur,

Attirée par votre promotion exceptionnelle de juin dernier sur les voyages en Turquie, je me suis adressée à votre agence afin qu'elle organise pour nous un voyage d'une semaine à Istanbul.

Selon la brochure envoyée quelques jours plus tard par votre agence, nous devions arriver à 22 heures à Istanbul, et loger dans un hôtel de tout confort en centre ville.

Je vous écris afin de vous faire part de notre profond mécontentement. Notre voyage ne correspondait en rien aux conditions promises dans votre brochure.

Tout d'abord, dès notre arrivée à l'aéroport, on nous a annoncé que notre avion aurait environ trois heures de retard. En fait, nous avons décollé avec six heures de retard! Même si le représentant de votre agence nous attendait bien à l'aéroport, nous n'avons eu ni excuses ni explications pour ce retard. Nous sommes donc arrivés à cinq heures du matin, très fatigués, à notre hôtel.

Et les ennuis ne se sont pas arrêtés là! Nous avons dû attendre plus d'une heure avant de pouvoir obtenir une chambre: selon le réceptionniste, votre agence s'était trompé de date. Notre chambre aurait dû être réservée à partir du 23 juin. En fait elle n'était retenue qu'à partir du lendemain!

Bien qu'elle ait été propre, la chambre qu'on nous a donnée était petite, sombre et donnait sur une cour très bruyante. Elle ne ressemblait donc en rien à la photo de votre brochure! Nous n'avons pas pu dormir à cause de la chaleur et du bruit, et malgré l'amabilité du personnel, il n'a pas été possible de changer de chambre.

En sortant de l'hôtel ce premier matin-là, nous avons eu une nouvelle déception: le centre ville n'était pas comme vous l'indiquez « à proximité de l'hôtel », mais à plus de 40 minutes de marche!

Votre représentant à Istanbul, qui, comme vous nous l'aviez assuré, devait nous contacter pour s'assurer du bon déroulement de notre séjour, est resté introuvable! Nous n'avons donc pas pu nous plaindre auprès de lui des problèmes que nous avions rencontrés.

Nous sommes non seulement déçus par le manque d'organisation de votre compagnie, mais très mécontents d'avoir été trompés par une publicité que nous jugeons « mensongère ».

J'espère que vous aurez la courtoisie de me fournir les explications (et peut-être même les excuses et les compensations!) que j'estime être en droit de recevoir de votre part.

Dans l'attente de vous lire, je vous prie de croire, Monsieur, à l'assurance de mes sentiments distingués.

*Coralie Deschamps*

## 3 Organiser

Voici les points essentiels du texte. Mettez-les dans l'ordre.

- Commentaire – opinions sur la publicité

- Description du voyage prévu

- Réclamation (réservation)

- Demande d'explication et d'excuses

- Réclamation (vol)

- Explication du but de la lettre

- Réclamation (logement)

- Réclamation (éloignement)

## 4 Trouver

Trouvez dans le texte les éléments qui manquent dans le tableau suivant. Il n'est pas nécessaire d'utiliser les mots du texte.

| Ce qui devait se produire | Ce qui s'est en fait passé | Conséquences |
| --- | --- | --- |
| 1 | On est partis avec 6 heures de retard | |
| 2 L'hôtel devait être réservé à partir du 23 juin | | |
| 3 | | On n'a pas pu dormir à cause de la chaleur et du bruit |
| 4 | Le représentant est resté introuvable | |

✗ DO NOT PHOTOCOPY

# 12 Lettre de réclamation

## 5  Expliquer

Utilisez le verbe *devoir* (à l'imparfait) pour expliquer ce qui aurait dû se produire, comme dans l'exemple.

### Exemple

Le car n'est pas arrivé à 10 heures.

→ Le car **devait** arriver à 10 heures.

1  Nous ne sommes pas partis à 11 heures.

2  L'avion n'a pas décollé à minuit.

3  Vos représentants ne sont pas venus nous rencontrer.

4  La chambre n'avait pas été réservée pour le 23.

5  Vous ne nous avez pas envoyé nos billets de retour.

## 6  Recycler

Les expressions et phrases suivantes sont tirées du texte. Dites si oui ou non, on pourrait s'en servir dans une lettre de réclamation du même genre envoyée à un organisme différent. Pouvez-vous trouver dans le texte d'autres expressions utiles?

|  | Oui | Non |
|---|---|---|
| Attiré(e) par votre promotion exceptionnelle … sur les voyages en Turquie |  |  |
| je me suis adressée à … |  |  |
| Selon … |  |  |
| Je vous écris afin de vous faire part de notre profond mécontentement |  |  |
| dès notre arrivée à l'aéroport … |  |  |
| Nous n'avons eu ni excuse ni explication |  |  |
| la chambre qu'on nous a donnée était petite |  |  |
| En sortant de l'hôtel … |  |  |
| Nous sommes non seulement déçus par le manque d'organisation … |  |  |
| J'espère que vous aurez la courtoisie de me fournir les explications que j'estime être en droit de recevoir |  |  |

✗ DO NOT PHOTOCOPY

### 7 Argumenter

Dans les phrases suivantes l'argumentation est essentiellement exprimée par un adjectif. Transformez ces phrases en utilisant *malgré + un nom*, comme dans l'exemple.

**Exemple**

Le personnel était très **aimable**, mais il n'a pas été possible de changer de chambre.

→ Malgré l'**amabilité** du personnel, il n'a pas été possible de changer de chambre.

1   Votre lettre était illisible, mais nous avons pu déchiffrer une date.

2   Le gérant a été généreux, mais nos vacances ont été gâchées.

3   L'hôtelier était agressif, mais mon mari a pu le calmer.

4   Les informations étaient intéressantes, mais elles n'ont servi à rien.

5   La chambre était très grande, mais je ne l'ai pas prise parce qu'elle n'était pas très propre.

## 8 Faire des concessions

Traduisez les phrases suivantes en anglais. Notez les moyens utilisés pour faire une concession. Utilisez un dictionnaire si nécessaire.

**Exemple**

**Bien que** votre agent ait été présent à l'aéroport, nous n'avons eu ni explications ni excuses.

→ **Although** your representative was at the airport, we received neither explanation nor apologies.

1 **Même si** on nous a trouvé une autre chambre, cela n'a pas compensé l'absence de vue sur la mer.

2 **Malgré** les excuses de votre agent, nous nous sentons trahis par le manque d'intérêt dont votre société a fait preuve.

3 **Quoique** ces vacances n'aient pas été onéreuses, elles auraient dû être mieux organisées.

4 **Bien que** le car ait été confortable et les repas délicieux, nous n'avons pas apprécié l'excursion parce que le guide était terriblement ennuyeux.

## 9 Discuter

Imaginez que vous avez fait un voyage en car en Europe avec votre ami(e). Vous vous attendiez à visiter quatre pays dans un car dit « grand luxe, tout confort ». Mais cela n'a pas été un voyage de rêve!

Faites avec votre partenaire la liste de tout ce qui s'est mal passé.

## 10 Organiser

Vous allez écrire une lettre de réclamation.

Ordonnez les faits chronologiquement. Dites:

• ce qui devait se passer

• ce qui s'est en fait passé

• quelles en ont été les conséquences (voir Exercice 4)

Écrivez une introduction et une conclusion. Vous devez argumenter.

## 11 À vos claviers!

Écrivez la version finale de votre lettre. Envoyez-la à votre professeur, qui jouera le rôle de l'agent de la société auprès de laquelle vous faites votre réclamation.

# Model essay

Before starting the final sections of the book which deal with formal essays you may find it helpful to analyse this model essay in class. It shows the structure of a typical argumentative essay. The underlined words are link words which help give the essay an internal cohesion.

## Comment organiser votre argumentation dans une dissertation

## SUJET DE DISSERTATION: Pensez-vous que, dans l'avenir, les livres vont devenir inutiles?

**Introduction**
Présentation du problème

Les enseignants, les éducateurs, les parents ne cessent de se plaindre: les jeunes ne lisent plus. Ils passent leur temps devant des écrans d'ordinateurs, de cinéma ou de télévision.

Présentation du plan

Peut-on par conséquent en déduire que, dans l'avenir, le livre n'aura plus sa place dans notre société? Ou au contraire faut-il se battre pour qu'il garde la place prépondérante qu'il a toujours eue en matière d'éducation?

**Développement (a)**

Importance prise par les moyens audiovisuels pour apprendre

Tout d'abord, considérons l'importance que les moyens audiovisuels ont prise auprès des jeunes. On ne peut que constater l'importance des images. Que ce soit pour apprendre ou pour se distraire, les jeunes préfèrent les images aux mots. Comment nier que pour apprendre et s'informer sur n'importe quel sujet, Internet est devenu essentiel? Il permet d'effectuer de chez soi toutes les recherches et de fournir les informations dont on a besoin. À ceci, il faut également ajouter la possibilité d'utiliser des CD-ROM qui sont des outils précieux et attrayants pour les élèves et les enseignants. Cependant, Internet n'est pas le seul moyen d'apprendre. On aurait tort de négliger l'importance des documentaires sur l'Histoire par exemple, les sciences naturelles ou la médecine.

Importance prise par les moyens audiovisuels pour distraire

S'il est évident que l'audiovisuel met à notre disposition de nombreux moyens d'apprendre, il nous procure encore plus de moyens de nous divertir. La télévision tient une place majeure. Elle fait maintenant partie de la vie de millions de gens qui, pour se distraire, passent plusieurs heures par jour devant le « petit écran ». Quant au cinéma, bien qu'il soit plus coûteux et donc moins accessible à tous, il est prouvé qu'il tient également une place importante dans nos loisirs. Il est important de souligner que, tout en distrayant, ces deux médias peuvent aussi instruire et informer. À cette liste, il faut ajouter les jeux vidéo qui prennent de plus en plus d'importance dans les loisirs des enfants et des adolescents.

Paragraphe « charnière » qui résume ce qui vient d'être dit …

Personne ne conteste plus le fait que les moyens audiovisuels ont envahi notre espace et occupent de plus en plus de notre temps. On peut donc se poser la question du rôle tenu par le livre dans notre vie.

… et qui introduit l'argument suivant

Reste-t-il même de la place pour ce qui semble parfois un moyen désuet de s'informer, d'apprendre ou même de se distraire?

**Développement (b)**

La place du livre pour apprendre

Si on considère le domaine de l'éducation, on ne peut plus douter de l'importance du livre. Toute éducation reste basée sur le livre. Nul ne peut nier qu'il est toujours l'outil essentiel dans les écoles, les lycées et les universités. Bien que les professeurs utilisent de nombreux moyens audiovisuels dans leurs cours, le livre reste l'outil principal d'apprentissage pour les élèves. Il faut reconnaître que, lorsqu'il s'agit de littérature, le livre reste unique dans son rôle de transmission du patrimoine culturel de l'humanité. Ajoutons également l'importance de la place du livre dans les travaux de recherches, scientifiques et autres. Malgré l'importance des moyens audiovisuels et leur utilité dans l'éducation et la recherche, il n'en demeure pas moins que le livre, en transmettant la culture et la littérature, est facteur de promotion socioculturelle. En effet, une personne ne saurait être « cultivée » sans avoir beaucoup lu et cette culture reste garante d'intégration et de promotion sociale.

La place du livre pour distraire

Et enfin, que dire des plaisirs variés et toujours renouvelés que procure un bon livre? Comme l'a si bien écrit un journaliste : « l'amour de la lecture est fatal, polymorphe et infidèle. Il vous donne l'illusion d'avoir multiplié votre vie et la magie est que cette illusion est vraie. » Il est bien vrai que chaque livre est une nouvelle aventure. Il nous permet de vivre la vie de différents personnages, de souffrir, d'aimer, de vouloir avec eux.

**Conclusion**

Résumé des arguments importants du développement

Comme nous venons de le voir, les moyens audiovisuels et Internet prennent une place de plus en plus importante. Que ce soit en matière d'éducation ou de distraction, il apparaît clairement qu'ils sont partout présents et que leur rôle éducatif est loin d'être négligeable. Néanmoins, en matière d'éducation et d'enseignement, c'est pourtant le livre qui conserve une place essentielle. Faut-il pour autant choisir exclusivement ce dernier? Ce choix me semblerait absurde.

Elargissement du débat

En conclusion, je dirais que plutôt que de les opposer ou de privilégier exclusivement l'un de ces moyens au détriment de l'autre, il est plus sage de considérer que chacun a aujourd'hui sa place dans notre éducation comme dans nos loisirs, et que cette place doit être gardée. N'utiliser que l'un des deux serait, en fait, un appauvrissement de notre qualité de vie.

# 13 Une question de santé

Vous allez lire un texte sur le petit-déjeuner et la santé. Il s'agit de l'interview d'un médecin qui conseille de bien manger le matin afin d'éviter « le coup de pompe » d'onze heures. Vous noterez comment elle justifie ce qu'elle dit et comment elle présente ses arguments. Après avoir fini les exercices, vous écrirez un texte persuasif sur l'utilité de faire du sport pour rester en forme.

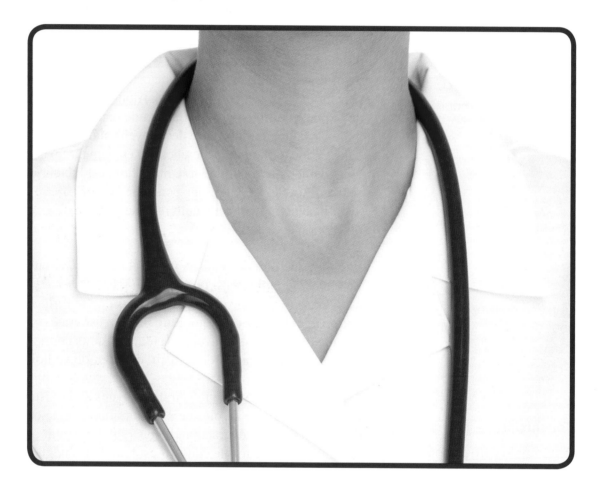

## 1 Anticiper

Faites une liste des sujets que, d'après vous, le docteur va mentionner (par exemple le café, l'heure du réveil, etc.)

## 2 Lire

Lisez l'interview au moins deux fois. Cherchez dans un dictionnaire les mots et expressions que vous ne connaissez pas.

✗ DO NOT PHOTOCOPY

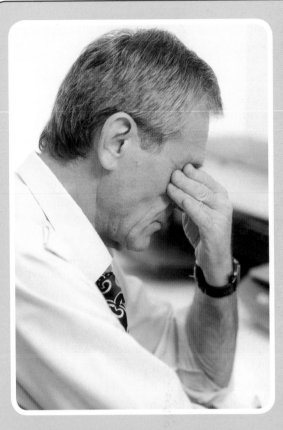

**Notre journaliste a interrogé le docteur Marie-Claude Dorignac, spécialiste de nutrition, pour lui demander quelle importance le petit-déjeuner devrait avoir dans notre alimentation.**

*Docteur Dorignac, un rapport qui vient de paraître révèle que la plupart des Français ne prennent presque rien pour le petit-déjeuner. Qu'en pensez-vous?*

Je répondrais sans hésitation que c'est une pure folie! Et pourtant, il est facile de comprendre cette attitude. On s'est couché tard, on se lève à la dernière minute. Par conséquent, il reste à peine le temps d'avaler en vitesse un café. Avec seulement un café, il va falloir tenir jusqu'à l'heure du déjeuner. C'est trop long pour l'organisme qui n'a rien absorbé depuis la veille au soir, beaucoup trop long!

*Alors, quels conseils nous donneriez-vous pour rester en forme toute la matinée?*

Un impératif, d'abord: il ne faut jamais démarrer « à vide ». En effet, le matin l'organisme a besoin d'énergie pour se « remettre en route ». Ce qui explique d'ailleurs pourquoi on a tendance à choisir la tartine de confiture! Ce réflexe d'absorber du sucre s'explique par le fait que le sucre nous procure un « coup de fouet » instantané. Néanmoins, ces sucres dits rapides ne sont pas vraiment bons car ils sont très vite assimilés par le corps et on se retrouve rapidement en manque de sucre et donc d'énergie. Ce qui se traduit par le fameux « coup de pompe de 11 heures »! En fin de matinée, vous allez vous sentir fatigué, incapable de vous concentrer. Il devient évident que la qualité du travail baisse. Tout cela parce que vous n'avez pas fourni à votre corps l'énergie dont il a besoin pour vous maintenir alerte.

*Bon, nous sommes d'accord: il faut manger. Mais y a-t-il un type d'aliments spécialement recommandé au petit-déjeuner?*

Oui, bien sûr. Souvenez-vous que l'impératif principal est de fournir de l'énergie à notre corps pour éviter ce « coup de pompe » de 11 heures du matin et rester en forme. Pour cela, vous avez raison, le type d'aliments consommés est crucial car le « p'tit-déj » doit être équilibré. Ce qu'il faut avant tout c'est consommer des sucres lents car ce sont eux qui vont vous procurer suffisamment d'énergie pour rester en forme toute la matinée. Or, ces sucres lents sont présents dans le pain, et surtout dans les céréales, les fruits secs, le muesli. C'est

pourquoi il est si important de consommer en priorité ces aliments le matin.

*Bien, nous avons maintenant les aliments essentiels pour un petit-déjeuner équilibré. Avez-vous d'autres conseils à nous donner?*

Oui, nous devons également ne pas oublier de réhydrater notre corps. Vous constatez, en effet, qu'au lever vous avez soif, en général. Et comme en plus, on a du mal à se réveiller, on se fait un café. Eh bien, on a tort! Il est prouvé que, non seulement le café est mal digéré, mais en plus son taux élevé de caféine rend nerveux. Pourtant cette nervosité n'a rien à voir avec l'énergie véritable. Mieux vaut donc prendre au réveil du thé ou une infusion si vous préférez une boisson chaude. Je conseillerais, personnellement, de boire un jus d'orange pressé. Il a l'avantage de réhydrater, tout en procurant les vitamines qui nous protègent des infections. Il est important aussi de boire du lait pour le calcium qu'il apporte. Mais si vous n'aimez pas ça, consommez plutôt des yaourts: du point de vue nutritionnel, ils sont riches en calcium et si vous les choisissez allégés, ils vous apporteront peu de calories.

*Merci docteur, pour tous ces conseils utiles. J'espère qu'ils vont nous convaincre de changer nos habitudes.*

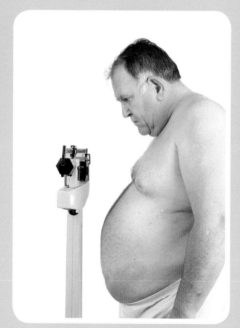

Eh bien, s'il faut vous convaincre, j'ajouterais un argument de poids! En effet, non seulement ce type de petit-déjeuner va vous mettre en pleine forme, mais, en plus, il va vous permettre de garder la ligne. Vous serez peut-être étonnée de l'apprendre, mais les deux vont de pair. Car les aliments qui vous apportent de l'énergie sont également ceux qui sont bons pour la ligne. Contrairement aux sucres rapides, les sucres lents, eux, ne sont pas caloriques et ils ne vous feront donc pas prendre de poids. Au contraire, ils vous procureront une sensation de satiété. Vous n'aurez ainsi plus envie de grignoter dans la journée ces friandises sucrées ou salées qui n'apportent rien d'autre que des calories que votre corps va stocker en graisses. Croyez-moi, le secret de la forme et de la ligne, c'est un petit-déjeuner équilibré.

✘ DO NOT PHOTOCOPY

## 3 Comparer

Comparez la liste que vous avez préparée dans l'Exercice 1 avec le texte. Aviez-vous bien deviné? De quels sujets le docteur n'a-t-il pas parlé? Pourquoi pas, à votre avis?

## 4 Distinguer

Décidez si, dans les phrases suivantes, la section marquée en italique donne une explication de ce qui précède, ou si elle en indique la conséquence.

| | Explication | Conséquence |
|---|---|---|
| On s'est couché tard, on se lève à la dernière minute. *Par conséquent, il reste à peine le temps d'avaler en vitesse un café.* | | |
| Il ne faut jamais démarrer « à vide ». *En effet, le matin, l'organisme a besoin d'énergie …* | | |
| Néanmoins, ces sucres dits rapides ne sont pas vraiment bons, *car ils sont très vite assimilés …* | | |
| On est de nouveau en manque de sucre … *Il devient évident que la qualité du travail baisse.* | | |
| Et comme en plus on a du mal à se réveiller, *on se fait un café.* | | |
| Les sucres lents, eux, ne sont pas caloriques *et ils ne vous feront donc pas prendre de poids.* | | |
| Ils vous procureront une sensation de satiété. *Vous n'aurez ainsi plus envie de grignoter dans la journée ces friandises sucrées ou salées …* | | |

## 5 Compléter

Complétez les phrases en donnant une raison ou en expliquant une conséquence, suivant l'expression en italique. Vous pouvez utiliser les idées présentées dans le texte ou créer votre propre réponse.

1 Il ne faut pas boire trop de café, *parce que* …

2 On se lève tard, on ne boit que deux tasses de café fort. *Par conséquent* …

3 À 11 heures, c'est souvent « le coup de pompe », *ce qui s'explique par le fait que* …

4 On a tendance à ne manger un bon petit-déjeuner que le week-end, *en conséquence de quoi* …

5 Le matin, tout le monde éprouve le besoin d'absorber du sucre, *car* …

6 On mange mal, on est très pressé, on est même stressé, *d'où* …

✖ DO NOT PHOTOCOPY

### 6 Classer

Recherchez dans le texte l'équivalent des expressions suivantes. Quelle est la fonction de ces expressions?

| | |
|---|---|
| 1 Firstly, one essential thing … | |
| 2 One must never … | |
| 3 … is crucial | |
| 4 Above all, one should … | |
| 5 It is so important to … | |
| 6 We must not forget either … | |
| 7 It's better to … | |
| 8 Personally I would advise you to … | |
| 9 It is also important to … | |
| 10 If you need convincing, I'll add a clinching argument … | |

### 7 Structurer

Assemblez les deux segments de chaque phrase en choisissant les mots de liaison appropriés dans la grille suivante.

| Explication / raison | Conséquence | Opposition / restriction |
|---|---|---|
| parce que | par conséquent | mais |
| ce qui explique le fait que | conséquemment | au contraire |
| … s'explique par le fait que | en conséquence de quoi | néanmoins |
| c'est pourquoi | ainsi | pourtant |
| | par suite | cependant |

1 Le café vous donne « un coup de fouet », _____ plus on en boit, plus on se sent fatigué.

2 Il ne faut jamais sortir le matin sans avoir mangé, _____ l'organisme a besoin d'énergie pour « se mettre en route ».

3 On mange à la hâte sans consommer les sucres dont on a besoin. _____ on commence à devenir inefficace vers 11 heures.

4 Les jeunes ont tendance à négliger le « p'tit-déj ». _____ ce sont eux qui devraient bien manger afin d'assurer à leur corps un développement normal.

5 On a constaté que de nombreux hommes d'affaires travaillent tard le soir et se lèvent à la dernière minute _____ ils n'ont pas le temps de déjeuner.

## 8  Ajouter

Complétez les phrases suivantes en commençant par la construction *…mais encore / aussi / en plus / de plus.* Vous pouvez employer les arguments donnés dans le texte ou bien en trouver d'autres.

1   Non seulement il faut bien manger, …

2   Non seulement on a besoin de sucres lents, …

3   Non seulement l'organisme commence à se fatiguer si l'on ne mange pas bien,…

4   Non seulement un jus d'orange a pour effet de vous réhydrater, …

5   Non seulement vous serez en pleine forme si vous prenez un bon petit-déjeuner, …

## 9 Composer

Quelles sont vos idées sur l'alimentation? Exprimez-les en employant les expressions ci-dessous. Vous pouvez, si vous le voulez, vous servir de nos suggestions.

- Il (ne) faut (pas) …

- On (ne) doit (pas) …

- Il est important / crucial / essentiel / primordial **de** …

- Il (n') est (pas) difficile / compliqué / ardu / pénible **de** …

- Il (n') est (pas) facile / aisé / commode / possible / pratique **de** …

- On a du mal / des difficultés / de la peine **à** …

- On éprouve une certaine difficulté **à** …

### Suggestions

*… bien manger le matin avant de sortir*

*… boire beaucoup de café*

*… privilégier les sucres lents au petit déjeuner*

*… rejeter les jus de fruits en faveur du café et du thé*

*… manger du pain et des céréales*

*… trouver le temps de bien manger le matin*

*… se lever à temps pour préparer à manger*

*… suivre un régime sain et équilibré*

*… négliger de manger le matin*

*… bien manger et garder la ligne*

 ✗ DO NOT PHOTOCOPY

## 10 Préparer

Écrivez un article pour un magazine destiné aux jeunes. Essayez de les convaincre qu'il est essentiel de faire du sport. Pour commencer, organisez vos idées selon le schéma ci-dessous. Quand vous aurez fini d'écrire ce brouillon, remettez-le à d'autres étudiants qui y ajouteront leurs propres idées.

| Sujet | Raisons / explications | Conséquences | Oppositions |
|---|---|---|---|
| Exercice physique | Il faut en faire, parce que, sans ça, l'organisme s'ankylose / on perd son dynamisme | Ça nous met en forme | Néanmoins, on risque de se fatiguer si on en fait trop |
| sports d'équipe | | | |
| natation | | | |

## 11 À vos claviers!

Rédigez maintenant votre article. N'oubliez pas de justifier vos opinions et de rejeter les arguments de vos opposants.

## 12 Rechercher sur l'internet

Choisissez un moteur de recherche en langue française, puis tapez dans la boîte de dialogue le nom d'un magazine français ou d'une radio ou chaîne de télévision française. Ensuite, recherchez leur rubrique « Santé », (ou une rubrique similaire) et choisissez un article qui parle d'un problème qui vous tient à cœur (l'exercice physique, la nutrition, comment soigner un rhume, éviter les allergies ou garder la ligne, peu importe!). Imprimez l'article et surlignez les conseils donnés et les arguments utilisés pour convaincre le lecteur. Affichez cette page dans votre salle de classe.

✗ DO NOT PHOTOCOPY

# 14 Une question de moralité

Vous allez tout d'abord lire un article dont l'auteur s'oppose à la vivisection. Après avoir étudié les moyens par lesquels il essaie de persuader ses lecteurs, vous écrirez un article qui prendra le contre-pied de ses arguments (quelle que soit votre opinion personnelle!).

## 1 Anticiper

À votre avis, quels mots et expressions vont être utilisés dans ce texte? Et quels arguments contre la vivisection l'auteur va-t-il avancer pour persuader ses lecteurs qu'il a raison?

## 2 Lire

Lisez le texte au moins deux fois. Cherchez dans un dictionnaire le sens des mots que vous ne connaissez pas.

✗ DO NOT PHOTOCOPY

# Ensemble, disons « non » à la vivisection!

Tout d'abord, il faut expliquer ce qu'est la vivisection. Elle consiste à effectuer toutes sortes d'expériences sur des animaux vivants. Au cours de ces expériences, les chercheurs étudient les réactions des animaux et sont supposés en tirer des leçons pour les êtres humains.

Bien sûr, on essaie de nous convaincre que toutes ces expériences sont absolument nécessaires et que, sans la connaissance qu'elles apportent aux scientifiques, beaucoup d'êtres humains mourraient certainement.

Il est essentiel pourtant de dire clairement ce qui se passe dans ces laboratoires. Nous devons tous être conscients que c'est là que chaque jour des milliers d'animaux, enfermés dans des cages, sont persécutés par les hommes.

N'ayons pas peur de le dire: il s'agit bien là d'un univers concentrationnaire où des victimes innocentes et sans défense sont sciemment rendues malades, intoxiquées, mutilées, condamnées à la torture et à la mort.

Quel droit avons-nous d'agir ainsi? Bien que la supériorité de notre intelligence puisse sembler nous placer au-dessus du règne animal, est-ce à dire que nous ayons le droit de mort sur les animaux? N'oublie-t-on pas que, nous aussi, nous faisons partie du règne animal? Penser que notre intelligence fait de nous des êtres radicalement différents est une grosse erreur. S'il est certain que cette intelligence nous rend capables d'accomplir de grandes choses, n'est-il pas vrai aussi qu'elle nous a rendus coupables des pires? L'observation des animaux, de leur instinct, de leurs capacités d'adaptation à leur environnement devrait susciter notre admiration et notre respect.

Certains vous diront que les tests sur les animaux ont pour but d'arracher à la vie ses secrets, et que c'est le seul moyen de comprendre la nature et de pouvoir ainsi agir sur elle en préparant de nouveaux remèdes, et dans une certaine mesure, ils n'ont pas tort. Mais soyons francs: dans la plupart des cas, il s'agit en fait d'aller au-devant du moindre caprice de la grande consommation et de s'assurer que le consommateur n'aura pas à

✗ DO NOT PHOTOCOPY

se plaindre du produit. Pour cela, on n'hésitera pas à faire subir les pires souffrances aux animaux pour tester le tout dernier liquide vaisselle, le tout dernier shampoing, la toute dernière crème de beauté. Les animaux seront gavés des produits chimiques que l'on prévoit d'ajouter à notre alimentation pour lui donner ses belles couleurs. Pour tester les effets nocifs des cigarettes, on inventera des dispositifs compliqués pour les obliger à s'emplir les poumons de fumée, ce qui permettra de mesurer l'étendue des dégâts.

Comment peut-on défendre la vivisection? Le mot même fait mal à entendre!

Comment l'idée d'aller fouiller dans un organisme vivant, de l'explorer, de le disséquer comme s'il était déjà mort, peut-elle être acceptable pour des gens qui, d'autre part, traitent leurs animaux domestiques comme de véritables enfants?

Au nom du respect de la vie, ensemble, disons « non! » à l'expérimentation animale.

## 3  Comparer

Comparez le texte et les listes que vous avez préparées dans l'Exercice 1. Rajoutez-y les mots et expressions auxquels vous n'aviez pas pensé. Vous pourrez utiliser tout ce vocabulaire plus tard.

## 4  Repérer

Recherchez dans le texte les mots et les expressions que l'auteur a délibérément employés pour frapper le lecteur d'indignation, pour éveiller en lui des sentiments de pitié et de révolte, ou pour lui faire honte.

## 5  Opposer

Lisez les phrases de la colonne de gauche. Elles expriment une idée qui est ensuite contestée par l'auteur. Relisez le texte et notez dans la colonne de droite les phrases qui expriment ses objections. Soulignez les mots ou expressions qui indiquent une opposition, comme nous l'avons fait dans l'exemple. Pour finir, faites une liste d'autres mots du même genre qui pourraient également indiquer une opposition.

✗ DO NOT PHOTOCOPY

| Idée | Les objections exprimées par l'auteur |
|---|---|
| On essaie de nous convaincre que toutes ces expériences sont absolument nécessaires. | Il est essentiel <u>pourtant</u> de dire clairement ce qui se passe dans ces laboratoires. |
| Nous sommes persuadés que l'être humain est tellement supérieur à l'animal qu'il a un droit absolu de vie et de mort sur lui. | |
| S'il est certain que notre intelligence nous rend capables d'accomplir de grandes choses... | |
| Certains vous diront que les tests sur les animaux ont pour but d'arracher à la vie ses secrets. | |

## 6 Concéder

Comment l'auteur fait-il des concessions aux arguments de ses opposants? Cherchez dans le texte les expressions qui indiquent une concession dans les phrases suivantes.

1 _____ la supériorité de notre intelligence puisse sembler nous placer au-dessus du règne animal, est-ce à dire que nous ayons le droit de vie et de mort sur les animaux?

2 _____ notre intelligence nous rend capables d'accomplir de grandes choses, n'est-il pas vrai aussi qu'elle nous a rendus coupables des pires?

3 Certains vous diront que les tests sur les animaux ont pour but d'arracher à la vie ses secrets, et que c'est le seul moyen de comprendre la nature et de pouvoir ainsi agir sur elle en préparant de nouveaux remèdes, _____.

✗ DO NOT PHOTOCOPY

## 7 Analyser

Dans les phrases suivantes l'auteur a choisi un ordre particulier pour énumérer ses exemples. Pouvez-vous expliquer ce choix?

- Il s'agit bien là d'un univers concentrationnaire où des victimes innocentes et sans défense sont sciemment **rendues malades, intoxiquées, mutilées, condamnées à la torture et à la mort.**

- L'observation **des animaux, de leur instinct, de leur capacités d'adaptation à leur environnement** devrait susciter notre admiration et notre respect.

- Pour cela, on n'hésitera pas à faire subir les pires souffrances aux animaux pour tester **le tout dernier liquide vaisselle, le tout dernier shampoing, la toute dernière crème de beauté.**

- Comment l'idée d'aller fouiller dans un organisme vivant, **de l'explorer, de le disséquer comme s'il était déjà mort**, peut-elle être acceptable pour des gens qui, d'autre part, traitent leurs animaux domestiques comme de véritables enfants?

## 8 Pratiquer

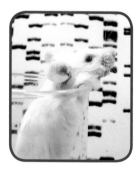

Complétez les phrases suivantes avec des exemples de votre choix. Utilisez la même technique d'énumération que l'auteur.

1 Ces animaux subissent des expériences cruelles, …

2 Ces expériences contribuent à la production de produits pharmaceutiques, …

3 Pour mettre fin à ces pratiques, il faut plaider auprès des députés, …

     ✗ DO NOT PHOTOCOPY

## **9** Proposer

Reformulez les phrases suivantes comme dans l'exemple donné. Adressez-vous plus directement à vos lecteurs afin qu'ils se sentent vraiment impliqués.

### Exemple

Nous devons **être** honnêtes.

→ *Soyons* honnêtes.

1 Nous devons **admettre** que, dans une certaine mesure, les scientifiques ont raison.

2 Nous devons **avoir** le courage de dire ce que nous éprouvons au fond de nous-mêmes.

3 Nous devons **examiner** de près les arguments de ces soi-disant experts.

4 Nous devons **réfléchir** avant d'agir.

5 Nous devons **espérer** que les scientifiques et les hommes politiques changeront d'avis.

## **10** Discuter

**Travail à deux.**

Pour chaque argument donné trouvez un argument opposé. Puis décidez avec votre partenaire de l'ordre dans lequel vous souhaiteriez les présenter.

| Argument | Argument opposé |
|---|---|
| Les chercheurs sont censés tirer de leurs expériences des leçons pour les êtres humains, mais ce n'est pas vrai. | En fait, on apprend beaucoup sur les êtres humains en étudiant les animaux |
| Des milliers d'animaux sont persécutés en laboratoire par des gens peu scrupuleux. | |
| L'homme n'est pas supérieur aux animaux. | |
| Pour les chercheurs, la grande consommation est plus importante que les progrès médicaux. | |
| Pour tester les effets nocifs des cigarettes, on oblige des animaux à fumer. | |
| La vivisection est absolument indéfendable. | |

## 11 Classer

**Travail à deux.**

Maintenant, préparez votre texte en faveur de la vivisection. Commencez par classer les arguments que vous voulez utiliser. Employez les techniques de l'opposition que vous avez vues dans l'Exercice 5. N'oubliez pas également de concéder certains points aux partisans de la lutte contre la vivisection, ce qui donnera plus de force à vos propres arguments. Si vous énumérez des exemples dans votre texte, choisissez bien l'ordre dans lequel vous les donnez (Exercice 7).

## 12 Annoter

Échangez votre brouillon contre celui de deux autres étudiants. Après avoir lu ce nouveau texte, discutez-en avec votre partenaire. Par exemple:

- Y a-t-il des arguments qu'ils ont oubliés?

- Devraient-ils changer l'ordre de leurs arguments?

- Devraient-ils faire davantage de concessions?

Ensuite, discutez à quatre de vos commentaires respectifs.

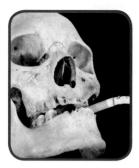

## 13 À vos claviers!

Écrivez maintenant la version définitive de votre texte sur ordinateur. Lisez celles des autres groupes et notez les différentes manières de présenter un même argument.

## 14 Rechercher sur l'internet

Choisissez un moteur de recherche en langue française puis tapez dans la boîte de dialogue des mots tels que « vivisection », « expériences ET animaux » ou encore « génétique ET animaux ». Imprimez les informations les plus intéressantes du point de vue de l'argumentation ou du vocabulaire, puis surlignez les mots et expressions qui sont nouveaux pour vous. Affichez ces documents dans votre salle de classe pour en faire profiter tout le monde.

✘ DO NOT PHOTOCOPY

# 15 Discours

Vous allez lire un discours prononcé par M. Nicolas Sarkozy, Président de la République Française, au sujet de la suppression de la publicité à la télévision. Le discours sera divisé en trois parties pour vous aider à l'étudier. Après avoir étudié les différents procédés stylistiques qui caractérisent un tel discours, vous composerez vous-même un petit discours en utilisant les mêmes procédés.

## 1 Anticiper

Dans le discours de M. Nicolas Sarkozy au sujet de la suppression de la publicité à la télévision, quelles questions pourrait-il aborder, à votre avis ? Faites une liste des mots et des expressions qui pourraient figurer dans ce discours. Le tableau suivant pourrait vous donner quelques idées.

| Types de téléspectateurs | Horaires des émissions | Contenu des spots publicitaires | Qualité des publicités | Effets possibles de laa suppression des publicités | Impacts financiers |
|---|---|---|---|---|---|
|  |  |  |  |  |  |
|  |  |  |  |  |  |
|  |  |  |  |  |  |

## 2 Lire

Lisez le texte au moins deux fois. Cherchez dans un dictionnaire les mots et expressions que vous ne connaissez pas.

**(Première partie)**

# Déclaration de M. Nicolas Sarkozy, Président de la République, sur l'avenir de la télévision publique, notamment la perspective de la suppression de la publicité

## Paris, le 19 février 2008

Mesdames et Messieurs,

Bienvenue à tous.

Avec l'école, la télévision permet l'accès et la transmission la plus large de la culture et des valeurs de notre société. C'est ce que j'ai voulu dire, en proposant le mois dernier que l'on réfléchisse à la suppression de la publicité dans l'audiovisuel public. L'école et la télévision sont les deux structures par lesquelles notre société se pense, se tisse et se construit.

La suppression de la publicité dans le service public n'est pas seulement un sujet financier, c'est une question de valeurs et une question de transmission, une question de création, une question d'éducation.

Une question d'espérance démocratique, celle que doit constituer notre télévision publique, espérance d'une diversité, dans les programmes, dans les opinions, dans les talents, dans les modes d'expression.

Espérance dans la création française, la nouvelle comme la patrimoniale.

Espérance dans la vertu sociale de ce grand outil de culture populaire qu'est la télévision publique.

Cette espérance, les politiques, j'en ai conscience, l'ont souvent agitée, mais ils l'ont agitée dans l'impuissance hélas, par le passé. Tous les dix ans, les gouvernements ont coutume

✗ DO NOT PHOTOCOPY

de se pencher sur la santé de l'audiovisuel public, son organisation, son financement. Ils s'interrogent sur le sens et la définition du service public. Tous les dix ans se réunissent des experts, des sages, et tous constatent que «la télévision de service public est à réinventer». Tous jusqu'au brillant rapport de Catherine CLÉMENT, qui résumait poétiquement la ghettoïsation de la culture sur France Télévisions avec cette jolie formule : « la nuit, l'été ». (Je suis désolé, ce n'est pas de moi. Comme j'aurais aimé que cela soit de moi!) Autrement dit, la culture est présente à l'antenne quand les Français dorment ou quand ils sont en vacances, quels que soient par ailleurs les efforts de toutes les équipes de France Télévisions ces dernières années, ces derniers mois.

## 3 Comparer

Comparez le vocabulaire auquel vous aviez pensé avec celui du texte. Aviez-vous, vous aussi, trouvé les questions abordées par le Président ?

## 4 Compter

Dans un discours formel de ce genre, on trouve souvent des mots ou des expressions groupés par trois. Par exemple :

*L'école et la télévision sont les deux structures par lesquelles notre société **se pense** (1), **se tisse** (2) et **se construit** (3).*

En utilisant cette figure (*rythme ternaire*), M. Sarkozy donne l'idée d'avoir tout dit sur un sujet et d'avoir bien construit sa pensée.

Afin de souligner l'importance de ses idées, M. Sarkozy groupe aussi des expressions par quatre (*rythme quaternaire*). En voici un exemple :

*La suppression de la publicité dans le service public n'est pas seulement un sujet financier, c'est **une question de valeurs** (1) et **une question de transmission** (2), **une question de création** (3), **une question d'éducation** (4).*

Trouvez dans cette première partie du texte a) un autre exemple de *rythme ternaire* b) un autre exemple de *rythme quaternaire*.

## 5 Ordonner

Quand on utilise un *rythme ternaire* ou *quaternaire*, on organise sa phrase selon la longueur des expressions ou selon leur importance. L'expression la plus longue ou la plus importante apparaît à la fin de la phrase. Cette figure s'appelle *cadence majeure*. Ainsi :

*L'école et la télévision sont les deux structures par lesquelles notre société **se pense**, **se tisse** et **se construit**.*

Mettez dans l'ordre les éléments des phrases suivantes, pour arriver à une *cadence majeure* dans chaque cas.

### Exemple

C'est plutôt une question d'éducation des masses, de publicité et de culture.

→ C'est plutôt une question de culture, de publicité et d'éducation des masses.

1 Il faut considérer trois questions – l'audiovisuel, l'école et la publicité.

2 Quand on pense à l'avenir, on pense à trois choses – à notre bien-être, à notre pays et à notre société.

3 La publicité exige des compétences artistiques, des connaissances psychologiques et de l'argent.

4 Il faut défendre à tout prix la liberté de faire de la publicité, la liberté d'acheter et la liberté de vendre.

5 On doit transmettre au public l'idée d'avoir une publicité de qualité, de créer des opportunités de vente et de fabriquer des produits de haut niveau.

## 6 Répéter

Relisez tout d'abord la section du discours qui commence par « Une question d'espérance démocratique … » et qui finit par « … la culture populaire qu'est la télévision publique. »

Dans cette section vous trouverez le mot « Espérance », répété trois fois après sa première apparition :

« Une question d'**espérance** démocratique, …

1 **Espérance** dans la création française, la nouvelle comme la patrimoniale.

2 **Espérance** dans la vertu sociale de ce grand outil de culture populaire qu'est la télévision publique.

3 Cette **espérance**, les politiques, j'en ai conscience, l'ont souvent agitée, mais ils l'ont agitée dans l'impuissance hélas, par le passé. »

En insistant sur l'emploi du même mot, le Président insiste sur l'importance de cette idée. Notez aussi l'emploi d'une *cadence majeure* dans la longueur des phrases :

1 _____

2 _____

3 _____

Composez maintenant une séquence de phrases, en utilisant le nom *Devoir*, qui suit l'idée exprimée dans la première :

Les autorités responsables de la télévision publique sont conscientes de leur **devoir**.

***Devoir*** d'éduquer …

***Devoir*** de …

***Devoir*** de …

---

## 7 | Lire et comparer

Lisez au moins deux fois la deuxième section du discours ci-après.

Ré-examinez le tableau de l'Exercice 1. Vos idées sur le vocabulaire et les questions abordées correspondent-elles à cette deuxième section ?

**(Deuxième partie)**

Tous les dix ans donc, on produit un énième rapport ; on annonce à France Télévisions un énième virage éditorial, et un an plus tard, on constate qu'à force de faire des virages, on est revenu au point de départ.

Entendons-nous bien, je ne veux pas minimiser la démarche entreprise par les équipes de France Télévisions pour donner un sens au service public, et pour le différencier de l'offre des chaînes privées. Il faut se réjouir que France 5 soit devenue une grande chaîne des savoirs et de la connaissance, que France 2 et France 3 aient diffusé du théâtre en direct aux heures de grande écoute – qu'ils en soient félicités. Mais je sais par expérience que cette démarche risque de s'essouffler, dès que l'attention politique se sera relâchée.

Pourquoi ?

Pour une simple raison: la contrainte publicitaire. La tyrannie de l'audience à tout prix, au quotidien, ce que certains appellent « la tyrannie de l'audimat ».

Ne nous leurrons pas, quelles que soient les déclarations vertueuses des uns et des autres, si l'on reste dans cette logique publicitaire, on ramènera toujours, et inexorablement, les programmateurs vers la plus grande pente, celle de la facilité. On connaît d'ailleurs cette

logique. Elle est celle des chaînes privées (et pourquoi le leur reprocher, dans leur cas ?). Pour séduire les annonceurs, il faut un média « puissant » qui fédère les audiences les plus larges possibles. Et pour atteindre cette audience puissante, la recette la plus sûre est de flatter. Flatter quoi ? Les aspirations les plus faciles.

Je ne propose pas à France Télévisions, ou à Radio France, de renoncer à des objectifs d'audience. Je dis de renoncer à la tyrannie de l'audience au quotidien.

Le service public doit s'efforcer de « tirer vers le haut » le paysage audiovisuel et doit répondre au triptyque « informer, cultiver, distraire » en veillant à ne pas séparer ses missions mais au contraire à les entremêler. « Ce serait une erreur, écrivait Jean d'ARCY, d'avoir des programmes de distraction pure, des programmes d'information sèche, et des programmes d'instruction trop pédagogiques. » Ecoutez, cinquante ans après, ce message reste parfaitement actuel.

Aujourd'hui nous devons revisiter ce triptyque (informer, cultiver, distraire). Car plus que jamais dans un univers visuel ultra-concurrentiel, la télévision publique doit élever, éveiller, exciter. Exciter la curiosité, éveiller la conscience, élever l'esprit. La télévision publique ne doit être ni ennuyeuse, ni obséquieuse. On dit que les artistes sont dangereux parce qu'ils mettent à nu la vérité des rapports humains. En ce sens, la télévision publique doit être « dangereuse » et audacieuse. Elle doit prendre des risques.

## 8  Chercher

La langue française est une langue nominale, c'est-à-dire que quand on utilise une langue formelle telle que le discours, on privilégie les noms, et non pas les verbes.

Au lieu de dire : « Il est essentiel de *soutenir* les valeurs de notre société. », on dirait plutôt : « Le *soutien* des valeurs de notre société est essentiel. »

Cherchez dans cette section du texte les noms qui correspondent aux verbes qui se trouvent dans la colonne de gauche.

| Verbe | Nom |
|---|---|
| connaître | la connaissance |
| contraindre | |
| déclarer | |
| aspirer | |
| tyranniser | |
| distraire | |
| instruire | |

Répondez maintenant aux questions suivantes en utilisant le nom qui correspond au verbe. Utilisez le mot ou l'expression entre parenthèses dans votre réponse.

### Exemple

Est-ce que les autorités de l'audiovisuel doivent connaître leur audience? (primordial)

→ Oui, **la connaissance** de l'audience est primordiale.

Répondez au positif :

1   La télévision publique doit-elle toujours offrir un bon choix d'émissions?» (essentiel)

2   Est-ce que le Président doit déclarer ses intentions ? (essentiel)

3   Est-ce que le public devrait aspirer à des émissions de haute qualité ? (nécessaire)

Puis au négatif :

4   Peut-on admettre que l'audimat tyrannise les heures d'émission ? (inadmissible)

5   Le premier devoir de la télévision est donc de distraire? (pas toujours désirable)

6   La télévision est-elle le moyen préféré d'instruire les jeunes ? (d'autres moyens)

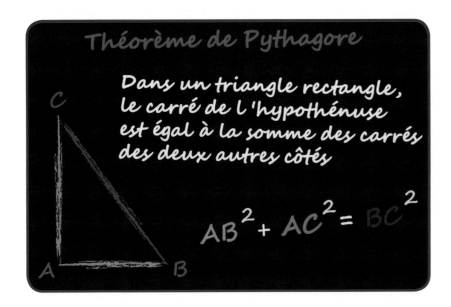

## 9  Écrire en parallèle

Notez cette construction :

… *on produit* un énième rapport;

*on annonce* à France Télévisions un énième virage éditorial […]

*on constate* qu'à force de faire des virages,

*on est revenu* au point de départ.

Ici on utilise la même construction (*on + verbe*) afin de souligner la similarité des événements. Cette construction s'appelle *le parallélisme.*

Trouvez dans le texte deux autres exemples de cette construction. A noter : le parallélisme se trouve au milieu de la phrase dans ces deux exemples, et non pas au début.

Complétez les phrases suivantes en utilisant la figure du *parallélisme* :

1  *On voit* un spot publicitaire, *on achète* le produit, on …

2  *L'audiovisuel* offre la possibilité de fuir la réalité ; *la télévision* … ; …

3  Les autorités **doivent répondre** aux besoins du nouveau siècle ; elles **doivent** … ; …

## 10 Revoir

Relisez cette section du texte, et, comme dans les Exercices 4 et 5, trouvez :

a    deux exemples de *rythme ternaire*

b    un exemple de *cadence majeure*

## 11 Lire et comparer

Lisez au moins deux fois la troisième section du discours ci-après.

Ré-examinez le tableau de l'Exercice 1. Vos idées sur le vocabulaire et les questions abordées correspondent-elles à cette troisième section ?

**(Troisième partie)**

La suppression de la publicité, c'est la seule manière d'installer la diversité, de contrer le rouleau compresseur de certaines séries américaines à bas coût qui ont un effet dévastateur pour notre industrie des programmes. Parce que si on a de la publicité, il faut des annonceurs. Pour avoir les annonceurs, il faut l'audimat. Pour avoir l'audimat, il faut des programmes qui attirent : les séries américaines à bas coût...

C'est en cela que la fin de la publicité sur le service public, et donc la fin de la tyrannie de l'audience quotidienne, sera salutaire.

Le service public ne doit pas être réservé aux plus cultivés mais répondre aux attentes de tous les publics, sans exception. Chacune et chacun doit pouvoir trouver sur la télévision publique une réponse à ses propres attentes, une réponse à ce qu'il cherche, ou mieux encore, une réponse à ce qu'il ne savait pas qu'il était en train de chercher: des émotions, une vision, un sens.

Vous aurez à cœur, dans vos travaux, de consulter, de sonder les rêves des Français, de révéler les territoires de leurs vraies attentes, de leurs vraies aspirations pour mieux étancher leur soif de connaissance, d'émotion et de culture. La télévision publique doit être un miroir de la société, mais un miroir qui donne à voir et comprendre le monde.

Pour moi, le choix était facile: c'était le choix entre le mouvement, qui permet de créer de nouvelles opportunités, et l'immobilisme qui fait de l'amertume, de la déception et des déçus. Je ne veux pas de l'immobilisme pour notre pays, je ne veux pas de l'immobilisme pour la télévision de service public, je rêve d'une grande télévision de service public, je rêve que nous soyons un exemple pour le monde en inventant cette télévision de service public du XXIème siècle.

Dans le quinquennat qui est le mien, cette réforme de l'audiovisuel public, j'en ai parfaitement conscience, restera l'une des réformes les plus importantes que j'aurai eu à conduire.

Je vous remercie.

## 12  Lier

Regardez cette section du texte :

Pour séduire les annonceurs, il faut un média « puissant » qui fédère les **audiences**

les plus larges possibles. Et pour atteindre cette **audience** puissante, la recette la

plus sûre est de **flatter**. **Flatter** quoi? Les aspirations les plus faciles.

Comme vous le voyez, il y a des liens entre les mots, indiqués par les flèches. Ici, M. Sarkozy utilise une expression vers (ou à) la fin de la phrase, qu'il répète au début de la phrase suivante. De cette façon, il crée une chaîne d'idées, par laquelle il peut démontrer les étapes de son argumentation. Cette figure s'appelle *anadiplose*.

Trouvez dans cette section un autre exemple de cette figure.

En utilisant les expressions suivantes, créez une chaîne de trois phrases :

Audiences … publicités de mauvaise qualité … réduction du nombre des téléspectateurs … problèmes financiers … sociétés audiovisuelles

## 13  Contraster

Dans un texte de ce genre, on peut insister sur le bien-fondé de ses idées en les contrastant avec celles de ses opposants.

Notez cet exemple :

le choix entre **le mouvement**, qui permet de créer *de nouvelles opportunités*, et

l'immobilisme qui fait *de l'amertume, de la déception et des déçus*.

Notez ici l'opposition entre **le mouvement** (idée positive) et **l'immobilisme** (idée négative) et **les nouvelles opportunités** (idée positive) et **l'amertume, la déception et les déçus** (idées négatives).

Trouvez dans la colonne de gauche les idées qui s'opposent à celles de la colonne de droite. Notez que ces expressions ne se trouvent pas dans le texte du discours du Président Sarkozy.

| je ne veux pas | diminuer |
|---|---|
| je n'insiste pas | le téléspectateur individuel |
| augmenter | transformer |
| abolir | je désire plutôt |
| les intellectuels | l'avenir |
| le passé | l'évolution |
| la stagnation | j'offre |
| le grand public | les gens ordinaires |

✘ DO NOT PHOTOCOPY

A partir des expressions ainsi formées, composez des phrases dans lesquelles la première partie s'oppose à la deuxième :

**Exemple**

Je ne veux pas supprimer toute la publicité à la télévision publique. Je désire plutôt voir un nombre plus restreint de publicités, mais des publicités de meilleure qualité.

## 14 Explorer

Vous allez maintenant explorer l'idée de la violence à la télévision.

Comme vous le savez, il y a beaucoup d'émissions violentes dans les médias d'aujourd'hui, et certains disent que plus les émissions violentes à la télévision augmentent plus la violence dans la société augmente également. Vous allez donc composer un discours dans lequel vous vous opposerez à ces émissions antisociales.

En faisant du « remue-méninges » peut-être à deux ou à trois, dressez une liste d'idées et d'exemples qui vous viennent à l'esprit.

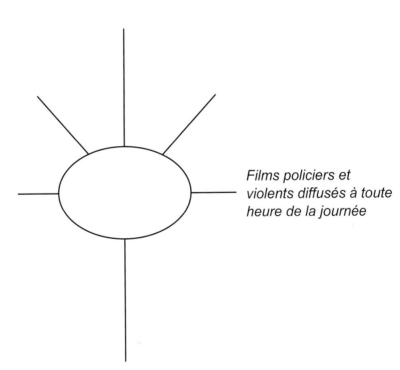

*Films policiers et violents diffusés à toute heure de la journée*

*Actualités contenant des scènes de violence*

✗ **DO NOT PHOTOCOPY**

### Exemples

- Actualités contenant des scènes de violence

- Films policiers à toute heure de la journée

Vous pouvez utiliser un diagramme tel que celui présenté ci-dessous si vous le souhaitez.

Une fois votre liste dressée, recherchez des solutions aux problèmes que vous avez abordés, par exemple :

- Actualités contenant des scènes de violence après 22 heures

- Films policiers seulement à partir de 21 heures

## 15  Composer

Vous allez maintenant composer un discours au sujet de la violence à la télévision, discours que vous allez peut-être prononcer devant une audience.

Relisez tout d'abord le discours du Président Sarkozy et notez les techniques rhétoriques qu'il utilise et que vous avez explorées dans les exercices de ce chapitre.

Pensez maintenant à votre audience et à la structure du discours :

- **Audience** – De qui s'agit-il ? Hommes ? Femmes ? Jeunes ?

- **Les faits** – Cherchez dans votre liste (Exercice 14) les faits concernant la violence à la télévision

- **Souligner** – Pour insister sur le sérieux de ce problème, vous utilisez des figures de rhétorique comme la *répétition* et la *cadence majeure*.

- **Conséquences** – En utilisant des exemples d'*anadiplose*, vous révélez la chaîne des conséquences d'émissions violentes à la télévision.

- **Contrastes** – En utilisant des *contrastes*, vous expliquez que vous n'avez aucun désir de réduire la liberté des gens, mais que vous désirez transformer ce que l'on regarde à la télévision.

- **Solutions** – Vous proposez des solutions possibles. En soulignant chaque point, et en utilisant des constructions en parallèle, vous insistez sur les résultats bénéfiques qui vont s'ensuivre, par exemple, *on abolit … on réduit ainsi … on transforme en même temps …*

- **Fin** – Vous insistez sur la nature urgente de ce problème et vous recommandez vos solutions à l'audience.

# 16 Vacances: paradis ou enfer?

Vous allez lire un texte sur les problèmes associés aux grandes vacances en France. Vous examinerez la façon dont sont présentés les côtés positifs et les côtés négatifs de ces grandes vacances. Vous travaillerez ensuite sur un autre thème: celui des vacances organisées. Vous préparerez une liste des arguments pour ou contre et pour finir vous rédigerez une composition dans laquelle vous présenterez tous ces arguments et votre propre conclusion sur la question.

## 1 Anticiper

Vous allez lire un texte intitulé « Les vacances sont-elles devenues un enfer? », qui se divise en trois parties – les arguments pour l'idée exprimée par le titre et les arguments contre, ainsi qu'une troisième section. Quels seront les arguments présentés en premier, d'après vous?

## 2 Lire

Lisez le texte au moins deux fois. Cherchez dans un dictionnaire les mots et expressions que vous ne connaissez pas.

# Les vacances sont-elles devenues un enfer?

Nous sommes, paraît-il, dans la civilisation des loisirs. En effet, depuis 1936, le temps consacré aux loisirs n'a cessé de gagner du terrain sur le temps de travail.

Ainsi libérés, nous nous sommes transformés en sportifs, en bricoleurs, en téléspectateurs et surtout en vacanciers. Tous les ans, des millions de gens quittent les grandes villes et se transforment en nomades en juillet ou en août, un moment de l'année qui est devenu celui des grandes migrations saisonnières et « moutonnières » a-t-on même dit! Et pourtant, de retour de ces vacances d'été, certains n'hésitent plus à parler de « vacances d'enfer ». S'agit-il d'une exagération de langage ou les foules qui se précipitent sur les routes transforment-elles vraiment ce temps de repos et d'insouciance en cauchemar?

De toute évidence, depuis l'introduction des congés payés en 1936, le tourisme ne cesse d'augmenter: en réduisant le temps de travail, on favorise les départs en vacances. Or, après la cinquième semaine de vacances, c'est également la semaine de 35 heures dont peuvent bénéficier certains employés. Pas étonnant, donc, que des millions de gens soient sur la route et, à cause des dates des vacances scolaires, qu'ils s'y retrouvent en même temps!

L'affluence sur les routes s'explique également par la destination choisie. Les vacanciers recherchent le beau temps, la chaleur et pour la plupart, la mer et les plages. L'afflux vers le sud est par conséquent inévitable. Malgré les efforts des responsables de la circulation routière pour proposer des itinéraires alternatifs et du gouvernement pour changer les rythmes scolaires, l'étalement des vacances est, en France, un échec. Chaque année en juillet et août, le cauchemar des grands départs et des grands retours se reproduit: embouteillages monstres et nombre effrayant de morts par accidents de la route. Cependant, cet enfer sur les routes ne semble pas décourager les vacanciers puisque tous les ans, ça recommence: on reste des heures dans des embouteillages de plusieurs kilomètres, coincés dans les voitures en plein soleil. Puis sur des autoroutes surchargées, on affronte tous les dangers.

Viennent également s'ajouter à toutes ces difficultés de voyage les problèmes causés par l'afflux énorme de touristes dans les petites villes et villages de vacances en été. Dans les stations balnéaires, de la Bretagne à la côte d'Azur, chaque mètre carré paraît occupé: locations, hôtels, campings affichent « complet », et il est souvent difficile de trouver une place sur la plage couverte de corps huilés! On retrouve en vacances les encombrements, les files d'attente dans les restaurants et les supermarchés et, allant de pair, l'énervement et la mauvaise humeur des commerçants débordés, tout ce qu'on croyait avoir laissé à Paris!

Autre conséquence de ces migrations « moutonnières », l'urbanisation « sauvage » que les promoteurs ont fait subir aux bords de mer ou aux stations de sports d'hiver. Certains villages doublent ou parfois triplent leur population aux époques d'affluence. Alors, sans respecter le paysage, on a construit beaucoup, vite, haut et bon marché. De charmants villages de montagne ou du littoral ont été défigurés par d'immenses bâtiments. Paradoxalement, la nature que le vacancier veut retrouver est donc la première à souffrir de sa présence: des arbres sont coupés, des montagnes sont lacérées pour installer des équipements pour le ski et la pollution s'installe.

Comment aussi ne pas parler d'enfer des vacances quand on connaît les heures d'attente dans les aéroports, les files interminables aux péages d'autoroute ? ...

Vu sous cet angle, bien sûr, l'enfer des vacances est une réalité. Et pourtant, malgré tous les inconvénients que nous venons de passer en revue, ces vacances ont bien des aspects positifs.

Tout d'abord, considérons l'amélioration de nos moyens de déplacements: la rapidité et la sécurité des voitures, des trains et des avions nous donnent la chance d'avoir le monde à « portée de la main ». Et s'ils ont « enlaidi » le paysage selon certains, l'aménagement des grands axes routiers et des lignes de TGV ainsi que la construction d'autoroutes ont considérablement amélioré et facilité la circulation.

D'autre part, l'aspect financier ne doit pas être oublié. Les vacances entraînent des retombées économiques importantes pour les régions touristiques. Non seulement des milliers de gens gagnent leur vie grâce au tourisme, mais souvent, ce sont des régions entières. Combien de petits villages désertés ont repris vie grâce aux citadins qui y ont acheté et restauré de vieilles maisons? Et, sans l'apport financier dû au tourisme, des régions sans doute très belles mais sans grandes ressources industrielles verraient leur population diminuer.

Ensuite, on constate que, de plus en plus, les Français partent en vacances moins longtemps mais plus souvent et qu'ils désirent des vacances très diverses: des vacances « repos » (soleil et plage), des vacances sportives, culturelles ou de découverte. Donc, d'une part, les lieux de vacances se diversifient: on ne part plus uniquement sur les plages, mais on choisit aussi les villes historiques, la montagne, la campagne ou les rivières. Et d'autre part, ce sont les activités de vacances qui se diversifient aussi: l'escalade, le trekking, le rafting, le canyoning. Les vacanciers découvrent de nouveaux plaisirs, alors que des clubs et associations sportives se créent et offrent des emplois à toute une catégorie de gens. Cette diversification va de pair avec ce qu'on appelle le tourisme vert, pratiqué par de plus en plus de vacanciers. Ils partent à la découverte de leur environnement, qu'ils apprennent à connaître et à respecter. En conséquence, depuis 1984, de gros progrès ont été faits en matière de respect de l'environnement.

En résumé, il semble donc injuste d'affirmer que nos vacances sont devenues un enfer. Tout d'abord, sur le plan personnel, les vacances nous rendent une forme de liberté dont les horaires et exigences du monde du travail nous avaient privés: la liberté de gérer notre temps. Cette liberté est précieuse pour notre équilibre. De plus, à ces avantages personnels s'ajoutent les conséquences bénéfiques du développement des loisirs sur l'ensemble de la société. Il a favorisé une prise de conscience des enjeux écologiques. Plus important encore, c'est la nature qui y gagne, car, grâce à la pression croissante exercée par les touristes amoureux de leur environnement, les responsables n'hésitent plus à fournir des fonds pour préserver le littoral, s'assurer de la propreté des plages et de la mer, prendre toutes sortes de mesures pour lutter contre toutes les pollutions et pour protéger notre environnement.

✗ DO NOT PHOTOCOPY

### 3  Comparer

Comparez ce que vous aviez envisagé avec le texte. Aviez-vous raison? Pourquoi, à votre avis, l'auteur a-t-il choisi cet ordre pour présenter ses arguments?

### 4  Diviser

Où commence la deuxième partie du texte? Quelle est l'expression qui marque une division entre les deux premières parties du texte? Quelle est celle qui indique le début de la troisième partie?

### 5  Résumer

Résumez les arguments pour et les arguments contre l'idée exprimée par le titre du texte: *Les vacances sont-elles devenues un enfer?* Notez-en un maximum de six dans chaque colonne.

| Pour | Contre |
|------|--------|
|  |  |
|  |  |
|  |  |
|  |  |
|  |  |
|  |  |

✘ DO NOT PHOTOCOPY

## 6 Classer

Dites si les expressions marquées en gras indiquent un contraste ou une opposition, ou bien une conséquence.

1   En effet, depuis 1936, le temps consacré aux loisirs n'a cessé de gagner du terrain sur le temps de travail. **Ainsi** libérés, nous nous sommes transformés en sportifs, en bricoleurs, en téléspectateurs et surtout en vacanciers.

2   Tous les ans, des millions de gens quittent les grandes villes et se transforment en nomades en juillet ou en août, un moment de l'année qui est devenu celui des grandes migrations saisonnières et « moutonnières » a-t-on même dit! **Et pourtant**, de retour de ces vacances d'été, certains n'hésitent plus à parler de « vacances d'enfer »

3   Or, après la cinquième semaine de vacances, c'est également la semaine de 35 heures dont peuvent bénéficier certains employés. Pas étonnant, donc, que des millions de gens soient sur la route …

4   Les vacanciers recherchent du beau temps, de la chaleur et, pour la plupart, la mer et les plages. L'afflux vers le sud est **par conséquent** inévitable.

5   On retrouve en vacances les encombrements, les files d'attente dans les restaurants et les supermarchés et, allant de pair, l'énervement et la mauvaise humeur des commerçants débordés, tout ce qu'on croyait avoir laissé à Paris! **Autre conséquence** de ces migrations « moutonnières », l'urbanisation « sauvage » que les promoteurs ont fait subir aux bords de mer ou aux stations de sports d'hiver.

6   Et s'ils ont « enlaidi » le paysage selon certains, l'aménagement des grands axes routiers et des lignes de TGV ainsi que la construction d'autoroutes ont considérablement amélioré et facilité la circulation. **D'autre part**, l'aspect financier ne doit pas être oublié.

## 7  Compléter

Complétez les phrases soit avec une expression exprimant un contraste, soit avec une expression exprimant la conséquence, selon le contexte. Utilisez les expressions données dans la grille.

1   Dans la majorité des régions françaises, les grandes vacances commencent toutes au même moment. _____ tout le monde part en vacances en même temps.

2   Beaucoup de grandes villes sont complètement paralysées par la circulation, et on en rejette la responsabilité sur les conseils municipaux. _____ __ les conseillers font de leur mieux pour trouver une solution à ce problème incontournable.

3   Même dans les petites villes, les embouteillages empêchent d'avoir accès aux magasins. _____ les commerçants ont du mal à se faire approvisionner.

4   Le poids des voitures et des camions sur les autoroutes détériore les chaussées. _____ il faut augmenter le tarif des péages pour financer les réparations.

5   Tout le monde se plaint des vacances. _____ personne n'a vraiment envie de rester chez soi pendant six semaines !

| Contraste | Conséquence |
|---|---|
| et pourtant | ainsi |
| d'autre part | donc |
| mais | par conséquent |
| par contre | il s'ensuit que… |
| au contraire | |
| néanmoins | |
| malgré cela | |

## 8 Trouver

Trouvez dans le texte les expressions que l'auteur utilise pour présenter au fur et à mesure tous ses arguments.

**Exemples**

en effet, et

## 9 Ordonner

Décidez de l'ordre dans lequel il faut placer les différents éléments des expressions suivantes – sachant que le plus long se trouvera toujours en dernier.

Choisissez a) ou b) dans chaque cas:

1a ce temps d'insouciance et de repos

1b ce temps de repos et d'insouciance

2a Les vacanciers recherchent le beau temps, la chaleur et la mer et les plages

2b Les vacanciers recherchent la mer et les plages, la chaleur et le beau temps

3a embouteillages « monstres » et nombre effrayant des morts par accidents de la route

3b nombre effrayant des morts par accidents de la route et embouteillages monstres

4a On retrouve en vacances les encombrements, les files d'attente dans les restaurants et les supermarchés et, allant de pair, l'énervement et la mauvaise humeur des commerçants débordés

4b On retrouve en vacances les files d'attente dans les restaurants et les supermarchés et, allant de pair, l'énervement et la mauvaise humeur des commerçants débordés, les encombrements

5a on a construit beaucoup, vite, haut et bon marché

5b on a construit beaucoup, bon marché, vite et haut

6a On choisit aussi la campagne ou les rivières, les villes historiques, la montagne

6b On choisit aussi les villes historiques, la montagne, la campagne ou les rivières

## 10 Commenter

Utilisez les expressions données dans la colonne 1 pour commenter les phrases dans la colonne 2. Utilisez le subjonctif dans la proposition subordonnée. Il y a bien des possibilités !

Exemple

Ce n'est pas étonnant que la situation **devienne** critique.

| Commentaires | Phrases |
|---|---|
| Ce n'est pas étonnant que … | La circulation est très intense au moment des « grands départs » |
| Personne ne doute que … | Il y a énormément d'embouteillages et d'accidents de la route |
| Ce qui est alarmant, c'est que … | La situation devient critique |
| | Les autorités régionales ne peuvent pas résoudre cette situation |

## 11 Organiser

La classe se divise en deux groupes et chaque groupe se divise en paires. Le premier groupe est en faveur de la proposition suivante : « Les vacances organisées par des clubs de voyages valent mieux que les vacances sac à dos et découverte ». L'autre groupe est contre. Trouvez des arguments pour soutenir votre point de vue, quel qu'il soit.

✗ DO NOT PHOTOCOPY

## 12 Discuter

Mettez-vous en groupes de quatre – deux pour et deux contre. Énoncez vos arguments. Écoutez et notez les arguments de vos opposants. Discutez-en.

## 13 Planifier

Vous allez maintenant planifier votre rédaction.

Organisez les arguments pour et les arguments contre. N'oubliez pas les expressions qui permettent:

- de présenter au fur et à mesure tous vos arguments
- d'exprimer les contrastes et les oppositions
- d'exprimer les conséquences
- d'organiser la phrase selon la longueur de ses éléments
- d'exprimer l'émotion en utilisant le subjonctif

Notez également les mots-clés de votre conclusion.

Une fois votre brouillon fini, remettez-le à votre professeur.

## 14 À vos claviers

Rédigez votre version finale sur ordinateur. Vous pourriez marquer les expressions de liaison (*et pourtant*, *par conséquent*, etc.) en gras pour attirer l'attention du lecteur.

## 15 Rechercher sur l'internet

Choisissez un moteur de recherche en langue française puis tapez dans la boîte de dialogue les mots « *vacances et problèmes* ».

Relevez dans les textes que vous obtenez les mots et expressions qui vous paraissent particulièrement intéressants. Copiez-les dans un document que vous imprimerez ensuite et que vous afficherez dans votre salle de classe pour que tout le monde en profite.

✘ DO NOT PHOTOCOPY

# 17 Voitures: pour ou contre?

Vous allez lire un texte sur les problèmes que provoquent les voitures dans les centres-villes. Vous examinerez les arguments pour et les arguments contre leur interdiction, ainsi que la structure du texte, pour ensuite faire une rédaction du même genre sur un thème apparenté à celui du texte.

## 1  Anticiper

Le titre du texte est « Faut-il interdire les voitures dans les centres-villes? » Quels arguments pour et quels arguments contre pensez-vous y trouver?

| Arguments pour l'interdiction | Arguments contre l'interdiction |
|---|---|
| Trop de pollution | |
| | |
| | |
| | |
| | |
| | |
| | |
| | |

## 2 Lire

Lisez le texte au moins deux fois. Cherchez dans un dictionnaire les mots et expressions que vous ne connaissez pas.

# Faut-il interdire les voitures dans les centres-villes?

Face aux embouteillages qui se produisent tous les jours et même plusieurs fois par jour dans le centre des grandes villes, les autorités locales, souvent sous la pression des Verts, pensent interdire aux voitures particulières l'accès aux centres-villes et à leur périphérie immédiate.

Ce projet controversé ne rencontre pas que des partisans, loin s'en faut! Il divise les citadins entre partisans et opposants aux centres sans voitures.

Pour les partisans de cette mesure, le premier avantage de cette interdiction est d'entraîner une réduction importante du niveau de pollution dans les villes. La voiture rejette dans l'atmosphère des gaz nocifs pour notre santé. Or, dans les centres des grandes villes, ce sont des milliers de voitures qui font monter le taux de pollution jusqu'à atteindre des pics inquiétants. Il est prouvé que ces gaz toxiques sont responsables de maladies telles que l'asthme, les allergies et les affections diverses des voies respiratoires. Or ces maladies sont en constante augmentation dans la population citadine, les personnes les plus touchées étant les enfants et les personnes âgées. Supprimer les voitures permettrait donc de purifier l'air des centres-villes, un avantage sérieux du point de vue de la santé publique. À cet argument de poids s'ajoute celui de la réduction certaine du nombre des accidents occasionnés par

les voitures dans des lieux à forte concentration piétonnière. De plus, bannir les voitures aurait pour effet de rendre ces espaces véritablement « publics » c'est-à-dire de les restituer aux personnes à qui ils appartiennent: les promeneurs, les acheteurs, les vendeurs et les parents soucieux avant tout de la sécurité de leurs enfants.

Libérés du bruit et de la pollution des voitures, les centres-villes deviennent des lieux agréables pour les piétons qui peuvent y retrouver le plaisir de flâner.

Enfin, l'avantage principal de cette interdiction serait de faire prendre conscience de l'importance de préserver notre environnement. On peut espérer qu'un grand nombre de ceux qui apprécient un centre-ville accueillant et respirable verront les bienfaits de cette mesure, qui dérangerait peut-être leurs habitudes dans un premier temps, mais qui, finalement, présenterait plus d'avantages que d'inconvénients puisqu'elle privilégierait leur sécurité et leur santé.

On peut même espérer que les citadins qui pensaient ne pas pouvoir vivre sans leur voiture se rendront compte qu'il existe d'autres moyens de se déplacer qui ont leurs avantages: par exemple, avec le bus, pas de problèmes pour se garer, pas de contraventions.

Pourtant c'est la question des transports qui apporte des arguments aux adversaires de la mesure: selon eux, supprimer la voiture en ville va tout simplement rendre les centres inaccessibles. Car notre système de transports publics, trop longtemps négligé au profit des voitures, est inefficace, inconfortable et très onéreux. Se déplacer en ville en bus nécessite souvent deux fois plus de temps qu'un déplacement en voiture. En effet, il faut se rendre à l'arrêt et attendre, car les bus ne sont pas assez fréquents – inconvénient majeur quand il pleut ou qu'il fait froid. Les nombreux arrêts, le manque de place et de confort s'ajoutent au prix élevé pour décourager les citadins, même les plus « verts ».

Quant à l'utilisation du vélo, d'une part on ne peut nier que c'est un moyen de transport dangereux et d'autre part il faut bien reconnaître que ce n'est pas un moyen de transport accessible à tous – par exemple aux personnes âgées, aux handicapés ou aux jeunes enfants. Pour tous ceux-ci, l'utilisation des transports en commun est souvent problématique et ne procure pas les agréments qu'offre un déplacement en voiture. Interdire les voitures dans les centres-villes équivaudrait donc à interdire leur accès à toute une partie de la population.

C'est pourquoi il semble essentiel de souligner ici la conséquence désastreuse qu'aurait inévitablement cette mesure: la désertification progressive des centres déjà très menacés par l'implantation de gigantesques hypermarchés à la périphérie des villes.

Là, tout est fait pour plaire au consommateur. Pas de problèmes pour se garer: les parkings sont énormes. Inutile de faire des kilomètres: tous les magasins sont rassemblés dans un même espace. On y trouve même des cafés, des cinémas et, pour créer l'illusion d'un centre-ville, de fausses places de village dotées de fontaines et entourées de façades de maisons anciennes ont été implantées dans ces nouveaux centres commerciaux! De quoi détourner à jamais les consommateurs des vrais centres-villes, trop difficiles d'accès.

Pourtant, malgré tous les avantages qu'offrent ces centres commerciaux, peut-on accepter de voir mourir nos centres-villes? Car ce sont eux qui donnent vie à nos villes. Chaque centre a son style, son architecture, sa configuration spécifique et ses bâtiments publics: la mairie, l'église et la poste, qui symbolisent chacune un aspect de la vie de ses habitants – au contraire du centre commercial qui ne retient que le consommateur. Veut-on voir apparaître des villes sans « centre », faites de quartiers résidentiels avec, à la périphérie, d'immenses supermarchés? Voir disparaître les rues animées des centres-villes et les petits marchés de plein air si conviviaux, où faire ses courses devient un plaisir pour les citadins parce qu'on peut y bavarder avec les marchands et les connaissances qu'on y rencontre?

Pour conclure, il apparaît donc clairement qu'interdire les voitures dans les centres-villes est une décision qui doit être envisagée avec prudence car elle peut avoir de graves conséquences. De fait, on ne peut nier, même si l'on déplore cette attitude, que la voiture a aujourd'hui une importance primordiale pour une grande majorité de gens. L'interdire aurait pour effet une importante baisse de fréquentation des centres-villes. Peut-on vraiment prendre le risque, en voulant préserver les centres-villes, de les voir tout simplement disparaître? Bien sûr que non!

La solution serait peut-être de trouver un compromis satisfaisant qui permettrait de conserver l'animation des centres tout en respectant la qualité de l'environnement. Certaines villes ont montré la voie en multipliant les parkings souterrains et en développant des transports en commun rapides, fréquents, confortables et non-polluants. Sauver les centres-villes est aujourd'hui un défi que devront relever tous les responsables de gestions municipales.

**138** © Advance Materials 2009 *Bien lire, bien écrire – Livre de l'étudiant*   ✘ DO NOT PHOTOCOPY

## 3 Comparer

Comparez votre liste au texte que vous venez de lire. Y a-t-il dans ce texte des arguments pour ou contre auxquels vous n'aviez pas pensé? Ajoutez-les à votre liste. Avez-vous trouvé des arguments que l'auteur n'a pas mentionnés?

## 4 Identifier

Ce texte est composé de quatre sections. Quelles sont-elles? Donnez à chacune un titre selon sa fonction. Relevez ensuite les mots et expressions qui indiquent les transitions dans le texte.

## 5 Repérer

Repérez dans le texte les expressions utilisées pour présenter les avantages d'un certain point de vue. Faites une liste de toutes ces expressions. Pensez-vous qu'on puisse les utiliser quel que soit le point de vue que l'on veut présenter?

## 6 Compléter

Complétez les expressions qui résument les conséquences des actions données dans la colonne de gauche. Pour cela, utilisez un substantif (un nom) pris dans la liste qui suit.

| augmentation | inaccessibilité | réduction | disparition |
| purification | impossibilité | désertification | |

| Action | Conséquences |
|---|---|
| On réduit le nombre de voitures qui émettent des gaz nocifs | _____ de l'air |
| On réduit la présence des voitures dans les lieux où il y a une forte concentration de piétons | _____ certaine du nombre d'accidents |
| On rend les rues et les places au grand public | _____ de la sécurité |
| On supprime les voitures dans les villes où le système de transports en commun est inefficace | _____ du centre-ville |
| On prône l'utilisation du vélo | _____ pour les personnes âgées, les handicapés et les jeunes enfants d'accéder au centre-ville |
| On interdit aux voitures l'accès aux commerces du centre | _____ du centre-ville |
| On crée des centres résidentiels au centre-ville | _____ des rues animées |

✖ DO NOT PHOTOCOPY

## 7 Déduire

Complétez le tableau suivant. Vous devrez soit trouver la forme du nom d'après la règle donnée, soit déduire la règle qui transforme le verbe en nom.

| Règle | Verbe | Nom |
|---|---|---|
| Verbes en –er<br><br>→ noms en –ation | administrer, affirmer, expliquer | administration, affirmation, explication |
| Verbes en –er<br><br>→ noms en –ession | concéder, exprimer | |
| | décider, préciser | décision, précision |
| Verbes en –er<br><br>→ noms en –ment | amuser, commencer | |
| | contribuer, distribuer | contribution, distribution |
| Composés du verbe *mettre*<br><br>→ noms en –ission | permettre, admettre | |
| Verbes en –re<br><br>→ noms en –ance | correspondre, naître | |
| Verbes en –ir<br><br>→ noms en –ance, –issance | obéir, jouir, souffrir | |
| Verbes en –ire<br><br>→ noms en –tion | construire, décrire | |
| | accroître | accroissement |

✗ DO NOT PHOTOCOPY

## 8 Transformer

Pour chacune des réponses suivantes, utilisez un nom au lieu du verbe employé dans la question.

### Exemple

Est-il possible de **réduire** le niveau de pollution?

Oui, une **réduction** du niveau de pollution est possible.

1 A-t-on déjà vu **apparaître** des centres-villes déserts?

   Oui, on a déjà remarqué l'_____ de centres-villes déserts.

2 Est-il possible d'**accroître** la fréquentation des zones piétonnières?

   Oui, un _____ de la fréquentation des zones piétonnières est possible.

3 Est-ce qu'il faut **permettre** aux automobilistes d'accéder aux vieux quartiers?

   Non, on ne peut pas leur accorder la _____ d'y accéder.

4 Est-ce qu'on doit demander au grand public d'**utiliser** le vélo au lieu de la voiture?

   Oui, l'_____ du vélo est une priorité dans les grandes villes.

5 Verra-t-on de plus en plus d'hypermarchés s'**implanter** à la périphérie des grandes villes?

   Oui, l'_____ des hypermarchés à la périphérie des grandes villes va déjà bon train.

### 9 Classer

Préparez une rédaction sur le sujet suivant: « La voiture: ennemi public numéro un. D'accord ou pas? » Commencez par classer les phrases suivantes, selon qu'il s'agit d'arguments pour ou contre la voiture.

1 La voiture nous donne une liberté incomparable.

2 Il faut mieux gérer nos villes, plutôt que d'y interdire la voiture.

3 Nos villes deviennent inhabitables à cause des gaz d'échappement.

4 Grâce à la voiture, les autorités n'ont pas besoin de financer le développement des transports en commun.

5 À cause des bouchons, il est presque impossible de circuler en ville.

6 Aux heures de pointe, inutile de prendre les autoroutes.

7 Les arbres qui bordent la route meurent à cause de la pollution.

8 Chacun a le droit de choisir son propre moyen de transport – on ne peut pas en imposer un.

9 Des milliers de gens sont tués chaque année sur les routes.

10 La voiture est un des symboles de la réussite technologique de notre société.

| Pour la voiture | Contre la voiture |
|---|---|
| 1 La voiture nous donne une liberté incomparable. |  |
|  |  |
|  |  |
|  |  |
|  |  |

### 10 Discuter

Travail à deux.

L'un(e) va défendre la voiture, l'autre va l'accuser. Procédez de la manière suivante:

• Préparez vos arguments (Vous pouvez utiliser également ceux de l'Exercice 8)

• À tour de rôle, présentez oralement vos arguments et réagissez aux arguments présentés par votre partenaire.

• Notez par écrit ce que dit votre partenaire.

## 11 Organiser

Classez maintenant tous les arguments pour d'un côté et tous les arguments contre de l'autre. Ébauchez ensuite une introduction et une conclusion pour votre rédaction.

## 12 Relier

Reprenez votre liste de l'Exercice 5. Choisissez pour votre texte certaines des expressions utilisées pour présenter les avantages d'un point de vue.

Ensuite, choisissez dans la liste que vous avez faite pour l'Exercice 4 les mots et expressions que vous voulez utiliser pour relier les phrases et les paragraphes de votre rédaction. Vous pouvez bien sûr en utiliser d'autres (par exemple *néanmoins* ou *au contraire* pour introduire un contraste ou bien *en guise de conclusion* pour conclure).

## 13 À vos claviers!

Écrivez la version finale de votre rédaction. Si votre établissement a un site web ou un intranet, postez ce document pour que d'autres étudiants puissent lire vos opinions.

## 14 Rechercher sur l'internet

Choisissez un moteur de recherche en langue française puis tapez dans la boîte de dialogue des mots tels que « *pollution et ville* », « *combustibles et non-polluants* » ou bien « *interdiction et voiture et ville* ». Relevez dans les textes que vous obtenez les mots et expressions qui vous paraissent particulièrement intéressants (par exemple concernant les arguments pour et contre la voiture en ville ou bien le vocabulaire des transports publics, ou de l'automobile). Copiez-les dans un document que vous imprimerez ensuite et que vous afficherez dans votre salle de classe pour que tout le monde en profite.

✘ DO NOT PHOTOCOPY

# 18 Football féminin: pour ou contre?

Vous allez travailler par groupes de quatre. Deux d'entre vous étudieront une lettre exprimant un point de vue sur les équipes féminines de football et les deux autres travailleront sur une autre lettre exprimant un point de vue différent sur le même sujet. Vous prendrez ensuite part à un débat, à la fin duquel vous écrirez un essai qui présentera les deux côtés d'une question.

## Groupe A

### 1 Anticiper

Vous allez lire la lettre d'une femme qui s'oppose à l'existence d'équipes professionnelles de football féminin. Elle a écouté une émission à la radio et elle y répond. Quels arguments présentera-t-elle à votre avis? Faites-en la liste.

**2** Lire

Lisez le texte au moins deux fois. Cherchez dans un dictionnaire les mots et expressions que vous ne connaissez pas.

# Non au football féminin!

J'ai entendu une journaliste hier défendre à la radio l'idée qu'il devrait y avoir en France des équipes féminines dans le football professionnel. Je vous écris pour dire à quel point je trouve cette idée absurde.

Le football est un jeu typiquement masculin parce qu'il requiert de la part des joueurs une musculature importante, un sens aigu de la compétition et pas mal d'agressivité. Or ces conditions vont, pour moi, à l'encontre des qualités féminines, du tempérament féminin. Bien qu'on essaie de nous persuader du contraire depuis quelque temps, il ne faut pas avoir peur d'affirmer que les femmes sont différentes des hommes, qu'elles sont moins agressives, moins compétitives et physiquement moins fortes. La nature a voulu que le corps des femmes soit chargé de la reproduction de l'espèce. C'est bien pour cette raison qu'elle leur a donné les qualités appropriées à cette mission (qui est, j'en profite pour le dire, la plus belle et la plus noble de toutes!)

Bien sûr, aujourd'hui, il est possible pour les femmes comme pour les hommes d'avoir plusieurs rôles et je trouve cela très enrichissant. Néanmoins, il me semble essentiel que chacun préserve les qualités qui lui sont propres. Or, la pratique de sports agressifs et même parfois violents par les femmes me semble tout à fait déplacée. Certaines femmes revendiquent à tout prix le droit de pratiquer des sports qui étaient jusqu'à présent réservés aux hommes, comme la boxe par exemple. Permettez-moi de dire que je trouve cela plutôt lamentable. En effet, qu'y a-t-il de plus déplaisant que de voir des femmes adopter des attitudes dites « viriles »? Car si ces attitudes sont parfois critiquables chez les hommes, elles deviennent vite insupportables quand ce sont des femmes qui prétendent les adopter. Alors je vous en prie, ne nous parlez pas d'équipes féminines de football!

## 3 Comparer

Comparez votre liste avec le texte. Ajoutez-y les arguments que vous n'aviez pas mentionnés. Y a-t-il dans votre liste des points que l'auteur de la lettre n'avait pas signalés?

## 4 Décider

Quand on expose une série d'arguments, tantôt on présente des faits, tantôt on exprime des opinions. Ce sont en général les faits qui ont le plus de poids.

Dans le tableau suivant, décidez pour chacun des arguments s'il s'agit d'un fait ou d'une opinion.

| Argument | Fait | Opinion |
|---|---|---|
| Je trouve cette idée absurde | | |
| Le football (…) requiert de la part des joueurs une musculature importante, un sens aigu de la competition et pas mal d'agressivité | | |
| Les femmes sont différentes des hommes | | |
| La nature a voulu que le corps des femmes soit chargé de la reproduction de l'espèce | | |
| Il me semble essentiel que chacun préserve les qualités qui lui sont propres | | |
| Certaines femmes revendiquent le droit de pratiquer des sports qui étaient jusqu'à présent réservés aux hommes | | |
| Permettez-moi de dire que je trouve cela plutôt lamentable | | |
| Si ces attitudes sont (…) critiquables chez les hommes, elles deviennent vite insupportables quand ce sont des femmes qui prétendent les adopter | | |

 © Advance Materials 2009 *Bien lire, bien écrire – Livre de l'étudiant*  ✗ DO NOT PHOTOCOPY

## 5  Ordonner

Dans quel ordre l'auteur présente-t-elle les arguments suivants?

Dans quel ordre présenteriez-vous ces mêmes arguments?

| Argument | Ordre dans le texte | Votre ordre |
|---|---|---|
| Rôle de la femme | | |
| Critique des femmes qui adoptent des idées masculines | | |
| Adoption par certaines femmes d'attitudes masculines | | |
| Fonction reproductrice | | |
| Agressivité des hommes | | |
| Force physique | | |
| Esprit de compétition | | |

## 6  Préparer

Vous allez devoir dans un moment discuter en groupes de la question *« Faut-il permettre aux femmes de faire de la boxe? »* Revoyez les exercices précédents et faites une liste complète de tous les arguments que vous voulez présenter.

### 7  Présenter

Présentez votre point de vue à vos opposants. Ceux-ci écouteront vos arguments et les noteront. Ensuite, ce sera à votre tour d'écouter leur point de vue et de prendre des notes.

### 8  Discuter

Discutez maintenant avec vos opposants. Trouvez ensemble une structure de rédaction qui permette de présenter les deux côtés de la question.

### 9  Compléter

Écrivez maintenant une introduction et une conclusion. L'introduction ne fait que poser le problème. Par contre, la conclusion de cette rédaction doit présenter un compromis entre les deux points de vue extrêmes.

### 10  À vos claviers!

Tapez sur ordinateur la version définitive de votre essai. Illustrez-la avec des photos découpées, scannées ou téléchargées.

### 11  Rechercher sur l'internet

Choisissez un moteur de recherche en langue française puis faites une recherche sur un sport particulier. Par exemple, à l'adresse de La Toile du Québec (**www.toile.com**), en tapant *sports* puis *football*, vous trouverez plus de quarante sites d'équipes de football, scolaires ou autres. Vous y apprendrez le vocabulaire de ce sport et pourrez vérifier s'il existe ou non au Canada un grand nombre d'équipes féminines. Vous pourrez même entrer en contact avec les clubs et leur demander ce qu'ils pensent de la question. Affichez leurs réponses dans votre salle de classe.

✗ DO NOT PHOTOCOPY

# 18 Football féminin: pour ou contre?

Vous allez travailler par groupes de quatre. Deux d'entre vous étudieront une lettre exprimant un point de vue sur les équipes féminines de football et les deux autres travailleront sur une autre lettre exprimant un point de vue différent sur le même sujet. Vous prendrez ensuite part à un débat, à la fin duquel vous écrirez un essai qui présentera les deux côtés d'une question.

## Groupe B

**1** **Anticiper**

Vous allez lire la lettre d'une femme qui soutient l'existence d'équipes professionnelles de football féminin. Elle a lu une lettre dans un magazine et elle y répond. Quels arguments présentera-t-elle à votre avis? Faites-en la liste.

**2** Lire

Lisez le texte au moins deux fois. Cherchez dans un dictionnaire les mots et expressions que vous ne connaissez pas.

# Oui au football féminin!

Je vous écris pour répondre à la lettre de la lectrice « anti-football féminin » parue dans votre dernier numéro. J'ai 32 ans, et depuis que mes trois frères m'ont appris à jouer quand j'étais petite, le foot est ma passion. Pourtant, à l'école, j'ai dû me battre pour pouvoir former une équipe de football féminine. Cependant, les matchs que nous avons joués étaient, à mon avis, tout aussi intéressants que ceux disputés par l'équipe masculine. Les garçons se moquaient de nous en disant que notre jeu était lent, sans vigueur et sans intérêt. Quel mensonge! S'il est vrai que notre masse musculaire est inférieure à celle des hommes, cela n'empêche en rien les femmes d'avoir un jeu rapide et intelligent. Notre manière de jouer est souvent moins agressive, il faut le reconnaître, mais cela ne signifie pas qu'elle soit moins efficace.

Et puis, le plus important pour nous, c'est l'aspect social. On se retrouve entre femmes pour partager une passion tout comme nos camarades masculins. Nous avons le plaisir de faire partie d'une équipe, c'est à dire d'être toutes unies pour améliorer notre jeu, pour marquer des buts, pour gagner. Ensemble, nous partageons les heures d'entraînement, le trac avant le match, la joie de gagner, le soutien mutuel quand on perd. C'est tout cela qui contribue à créer entre nous un véritable « esprit de corps ».

La plupart des filles de l'équipe sont mariées, ont un emploi, des enfants. Ce temps qu'elles consacrent au foot est donc un temps pour elles, pendant lequel elles ont la chance de pratiquer un sport. Le foot nous garde en forme, nous fait bouger, courir, nous concentrer sur le jeu. C'est excellent pour le corps mais aussi pour l'esprit: on oublie complètement les soucis quotidiens. Après les matchs, on rentre épuisées mais tellement bien! Et, croyez-moi, le foot ne nous empêche pas de rester de « vraies » femmes. Si sur le terrain nous sommes en short et couvertes de boue, nous pouvons être très élégantes le soir même! Alors pourquoi cette injustice? Qu'est-ce que la France attend pour avoir une équipe nationale?

## 3 | Comparer

Comparez votre liste avec le texte. Ajoutez-y les arguments que vous n'aviez pas mentionnés. Y a-t-il dans votre liste des points que l'auteur de la lettre n'avait pas signalés?

## 4 | Décider

Quand on expose une série d'arguments, tantôt on présente des faits, tantôt on exprime des opinions. Ce sont en général les faits qui ont le plus de poids.

Dans le tableau suivant, décidez pour chacun des arguments s'il s'agit d'un fait ou d'une opinion.

| Texte | Fait | Opinion |
|---|---|---|
| Les matchs que nous avons disputés étaient, à mon avis, tout aussi intéressants que ceux disputés par l'équipe masculine | | |
| notre masse musculaire est inférieure à celle des hommes | | |
| Notre manière de jouer est souvent moins agressive | | |
| Et puis, le plus important pour nous, c'est l'aspect social | | |
| Ensemble nous partageons les heures d'entraînement | | |
| La plupart des filles de l'équipe sont mariées, ont un emploi, des enfants | | |
| Et, croyez-moi, le foot ne nous empêche pas de rester de « vraies » femmes | | |
| nous pouvons être très élégantes le soir même! | | |

## 5 Ordonner

Dans quel ordre l'auteur présente-t-elle les arguments suivants?

Dans quel ordre présenteriez-vous ces mêmes arguments?

| Argument | Ordre dans le texte | Votre ordre |
|---|---|---|
| Rapidité et intelligence du jeu féminin | | |
| Aspect social | | |
| Aspect ludique | | |
| Intérêt des matchs féminins | | |
| Esprit de corps | | |
| Féminité des joueuses de foot | | |
| Manque d'agressivité | | |

## 6 Préparer

Vous allez devoir dans un moment discuter en groupes de la question « *Faut-il permettre aux femmes de faire de la boxe?* » Revoyez les exercices précédents et faites une liste complète de tous les arguments que vous voulez présenter.

## 7 Présenter

Vos opposants vont vous présenter leur point de vue. Écoutez-les et prenez des notes. Ce sera ensuite votre tour de présenter votre point de vue.

## 8 Discuter

Discutez maintenant avec vos opposants. Trouvez ensemble une structure de rédaction qui permette de présenter les deux côtés de la question.

## 9 Compléter

Écrivez maintenant une introduction et une conclusion. L'introduction ne fait que présenter le problème. Par contre, la conclusion de cette rédaction doit présenter un compromis entre les deux points de vue extrêmes.

## 10 À vos claviers!

Tapez sur ordinateur la version définitive de votre essai. Illustrez-la avec des photos découpées, scannées ou téléchargées.

## 11 Rechercher sur l'internet

Choisissez un moteur de recherche en langue française puis faites une recherche sur un sport particulier. Par exemple, à l'adresse de La Toile du Québec (**www.toile.com**) en tapant *sports* puis *football*, vous trouverez plus de quarante sites d'équipes de football, scolaires ou autres. Vous y apprendrez le vocabulaire de ce sport et pourrez vérifier s'il existe ou non au Canada un grand nombre d'équipes féminines. Vous pourrez même entrer en contact avec les clubs et leur demander ce qu'ils pensent de la question. Affichez leurs réponses dans votre salle de classe.

# Grammar checklist

Once you have drafted your work and copied it carefully into its final presentation, it is absolutely essential that you carry out a final check for accuracy. You must check the following aspects of all written work.

## Title:
..............................................................................................................................

| Checks have been made for: | ✓ |
|---|---|
| Gender of nouns (masculine or feminine) | |
| Agreement of adjectives with nouns | |
| Agreement of determiners with nouns (*le / la; ce / cette / cet / ces; mon / ma / mes;* etc.) | |
| Agreement of subject and verb (verb endings) | |
| Preceding direct object agreement | |
| Choice of verb tenses | |
| Choice of auxiliary *avoir* or *être* | |
| Agreement of past participles | |
| Choice and position of pronouns | |
| Use of the subjunctive | |
| Spelling | |
| Punctuation | |

✗ DO NOT PHOTOCOPY

# Acknowledgements

The authors and publisher wish to thank all those who have been involved in developing this approach to writing.

The publisher wishes to thank the following for their kind permission to reproduce copyright material:

## Photos

The authors and publishers would like to acknowledge the following for permission to use photographs and texts :

Cover: © Yuri_Arcurs – Fotolia.com, © Yuri_Arcurs – Fotolia.com (p3), © Orangeline – Dreamstime.com (p4), © Yuri_Arcurs – Fotolia.com (p8), © Monkey_Business – Fotolia.com (p9). Unit 1 : © canelle – Fotolia.com (p12), © John Mears (p12), © philippe Devanne – Fotolia.com (p12), © John Mears (p13), © Bernard BAILLY – Fotolia.com (p13), © Michael Knüfer – Fotolia.com (p14), © Denis Badet – Fotolia.com (p14), © Agrine – Fotolia.com (p15), © KCI1 – Fotolia.com (p15), © Laura Lévy – Fotolia.com (p16), © ePhoto – Fotolia.com (p16), © daniel sainthorant – Fotolia.com (p17), © Jimjag – Fotolia.com (p17), © Jean François Perboire – Fotolia (p17), © Gautier Willaume – Fotolia.com (p18), © Gautier Willaume – Fotolia.com (p18). Unit 2 : © chantal cecchetti – Fotolia.com (p19), © Mario Bruno – Fotolia.com (p20), © Tomasz Trojanowski – Fotolia.com (p21), © GYNEX – Fotolia.com (p21), © Jenny Ollerenshaw (p22), © nsphotography – Fotolia.com (p22), © Arrow Studio – Fotolia.com (p23), © Ana Blazic – Fotolia.com (p23), © Galina Barskaya – Fotolia.com (p23). Unit 3 : © Politaev Mishko – Fotolia.com (p24), © Nath Photos – Fotolia.com (p24), © Ségolène Roze – Fotolia.com (p25), © Malbert – Fotolia.com (p25), Extracts from « Baignades à la Carte en Pays de la Loire », Édition 1998, DDASS – DRASS des Pays de Loire, Service Santé Environnement (p26-27), © Amy Walters – Fotolia.com (p26), © Claireliot – Fotolia.com (p27), © Yuri Arcurs – Fotolia.com (p27), © godfer – Fotolia.com (p28), © Hervé Rouveure – Fotolia.com (p28), © Michael S. Schwarzer – Fotolia.com (p29), © Martti – Fotolia.com (p29), © Leah-Anne Thompson – Fotolia.com (p29), © Adam Borkowski – Fotolia.com (p30), © tilo.fotalia.com (p30), © Galyna Andrushko – Fotolia.com (p31), © Stephane Duchateau – Fotolia.com (p31), © dimizu – Fotolia.com (p31). Unit 4 : © nyul – Fotolia.com (p32), © Jjava – Fotolia.com (p32), © Petra Röder – Fotolia.com (p33), © les Productions Bagheera (p33), © Jenny Ollerenshaw (p34), © les Productions Bagheera (p34), © les Productions Bagheera (p35), © Fred – Fotolia.com(p35), © les Productions Bagh-era (p36), © Franz Pfluegl – Dreamstime.com (p37), © les Productions Bagheera (p38), © les Productions Bagheera (p38), © Charly – Fotolia.com (p39). Unit 5 : © benuch – Fotolia.com (p40), © Gary Scott – Fotolia.com (p41), © mick200 – Fotolia.com (p41), © Harvey Hudson – Fotolia.com (p42), © Melisback – Fotolia.com (p42), © Rémy Masseglia – Fotolia.com (p42), © philippe Devanne – Fotolia.com (p43), © delmo07 – Fotolia.com (p44), © Rémy Masseglia – Fotolia.com (p44), © Galina Barskaya – Fotolia.com (45), © jerome berquez – Fotolia.com (p46), © Lianem – Fotolia.com (p47). Unit 6 : © microimages – Fotolia.com (p48), © Maciej Karcz – Fotolia.com (p48), © bellemedia – Fotolia.com (p49), © Stephen Orsillo – Fotolia.com (p49), © yannik LABBE – Fotolia.com (p50), © Valeriy Fomin – Fotolia.com (p50), © Stephen Orsillo – Fotolia.com (p50), © Yuri Arcurs – Fotolia.com (p51), © yannik LABBE – Fotolia.com (p51), © Orange Line Media – Fotolia.com (p52), © Stephen Orsillo – Fotolia.com (p53), © emmanuel Féré – Fotolia.com (p53), © Podfoto – Fotolia.com (p54), © Rob Byron – Fotolia.com (p54), © iMAGINE – Fotolia.com (p54), © Qilux – Fotolia.com (p54), © Jason Stitt – Fotolia.com (p54), © roza – Fotolia.com (p54). Unit 7 : © Monkey Business – Fotolia.com (p55), © Jean-Jacques Cordier – Fotolia.com (p55), © Frédéric LAURENT – Fotolia.com (p55), © Ungor – Fotolia.com (p55), © D.Ducouret – Fotolia.com (p57), © Jenny Ollerenshaw (p57), © Martina Berg – Fotolia.com (p58), © luxpainter – Fotolia.com (p58), © Hannes Strasser – Fotolia.com (p58), © fanfan – Fotolia.com (p59), © quayside – Fotolia.com (p59), © K.O.T – Fotolia.com (p60). Unit 8 : © Jenny Ollerenshaw (p61), © fulya – Fotolia.com (p61), © PRN / PR Photos (p62), © Scope – Fotolia.com (p63), © Gunnar Leon – Fotolia.com (p63), © Yurok Aleksandrovich – Fotolia.com (p64), © Noel Powell – Fotolia.com (p64), © Sue Ollerenshaw (p65), © matteo NATALE – Fotolia.com (p65), © daniel sainthorant – Fotolia.com (p65), © Gautier Willaume – Fotolia.com (p66). Unit 9 : © Saniphoto – Fotolia.com (p67), © Jan Kranendonk – Fotolia.com (p68), © Giorgio Gruizza – Fotolia.com (p69), © Alfred Wekelo – Fotolia.com (p69), © Julián Rovagnati – Fotolia.com (p70), © Indigo – Fotolia.com (p70), © MAXFX – Fotolia.com (p71), © fotum – Fotolia.com (p71), © iMAGINE – Fotolia.com (p72), © Aamon – Fotolia.com (p72), © Gilles PARNALLAND – Fotolia.com (p73), © ARNAUD JORON – Fotolia.com (p73), © Adrien Roussel – Fotolia.com (p74), © Jenny Ollerenshaw (p74), © Jason Stitt – Fotolia.com (p75). Unit 10 : © dean sanderson – Fotolia.com (p76), © cdrcom – Fotolia.com (p78), © Bobby Earle – Fotolia.com

✗ DO NOT PHOTOCOPY

(p78), © Tino Hemmann – Fotolia.com (p79), © cynoclub – Fotolia.com (p79), © Elena Elisseeva – Fotolia.com (p79), © KingPhoto – Fotolia.com (p80), © ch'lu – Fotolia.com (p80), © philippe Devanne – Fotolia.com (p80), © godfer – Fotolia.com (p81), © martine wagner – Fotolia.com (p82). Unit 11 : © galam – Fotolia Unit 2 ex 8.com (p83), © Monkey Business – Fotolia.com (p83), © Anyka – Fotolia.com (p85), © 300dpi – Fotolia.com (p85), © Monkey Business – Fotolia.com (p85), © Konstantin Shevtsov – Fotolia.com (p86), © jeancliclac – Fotolia.com (p86), © Kirsty Pargeter – Fotolia.com (p87), © biglama – Fotolia.com (p87), © fox17 – Fotolia.com (p88). Unit 12 : © Andreas Safreider – Fotolia.com (p90), © Mayangsari – Fotolia.com (p90), © sharply_done – Fotolia.com (p92), © tfazevedo – Fotolia.com (p92), © jaymast – Fotolia.com (p92), © Thaut Images – Fotolia.com (p93), © Saniphoto – Fotolia.com (p93), © diego_cervo – Fotolia.com (p94), © Izaokas Sapiro – Fotolia.com (p95), © Roland – Fotolia.com (p95), © jeremybaile – Fotolia.com (p95). Unit 13 : © Franz Pfluegl – Fotolia.com (p98), © diego cervo – Fotolia.com (p98), © Vojtech Vlk – Fotolia.com (p99), © Monika Adamczyk – Fotolia.com (p99), © Kurhan – Fotolia.com (p100), © Noel Powell – Fotolia.com (p100), © Franz Pfluegl – Fotolia.com (p101), © Nikola Hristovski – Fotolia.com (p101), © nyul – Fotolia.com (p101), © DamirK – Fotolia.com (p102), © gajatz – Fotolia.com (p102), © Olga Lyubkina – Fotolia.com (p103), © Sam Spiro – Fotolia.com (p103), © dh-photodesign.de – Fotolia.com (p104), © Jenny Ollerenshaw (p105), © Gert Vrey – Fotolia.com (p105). Unit 14 : © Digital_Zombie – Fotolia.com (p106), © NiDerLander – Fotolia.com (p106), © victorpr – Fotolia.com (p107), © Pavel Losevsky – Fotolia.com (p107), © claudiaveja – Fotolia.com (p108), © Monkey Business – Fotolia.com (p108), © Franz Pfluegl – Fotolia.com (p109), © Ana Vasileva – Fotolia.com (p109), © memo – Fotolia.com (p110), © KaYann – Fotolia.com (p110), © ZDM – Fotolia.com (p111), © Saniphoto – Fotolia.com (p111), © Volodymyr Vasylkiv – Fotolia.com (p112), © Marc Dietrich – Fotolia.com (p112). Unit 15 : © .shock – Fotolia.com (p113), © Julien Eichinger – Fotolia.com (p113), © Roland – Fotolia.com (p113), © Jenny Ollerenshaw (p114), © Alexander van Deursen – Fotolia.com (p115), © auris – Fotolia.com (p115), © zuchero – Fotolia.com (p115), © Maik Blume – Fotolia.com (p116), © Jenny Ollerenshaw (p116), © Ray – Fotolia.com (p118), © Nicolas Kopp – Fotolia.com (p118), © Jenny Ollerenshaw (p118), © Perrodactyle – Fotolia.com (p119), © Gabi Moisa – Fotolia.com (p120), © SSilver – Fotolia.com (p121), © Luka76 – Fotolia.com (p121), © geronimo – Fotolia.com (p122), © Anette Linnea Rasmussen – Fotolia.com (p122), © hfng – Fotolia.com (p123), © David Davis – Fotolia.com (p123), © Pavel Losevsky – Fotolia.com (p124). Unit 16 : © Kwest – Fotolia.com (p125), © Vladimir Mucibabic – Fotolia.com (p125), © Melany Dieterle – Fotolia.com (p126), © inacio pires – Fotolia.com (p127), © Eray Haciosmanoglu – Fotolia.com (p127), © Mathias Lamamy – Fotolia.com (p128), © Thomas Lambelin – Fotolia.com (p128), © Alexander Maier – Fotolia.com (p129), © morgan mansour – Fotolia.com (p129), © marie emeri – Fotolia.com (p130), © godfer – Fotolia.com (p130), © thierry planche – Fotolia.com (p130), © southmind – Fotolia.com (p130), © Sergey Lavrentev – Fotolia.com (p130), © ElenaR – Fotolia.com (p130), © chantal cecchetti – Fotolia.com (p131), © sima – Fotolia.com (p131), © Ségolène Roze – Fotolia.com (132), © Uschi Hering – Fotolia.com (p132), © Ahmed Aboul-Seoud – Fotolia.com (p132), © Daniel Bujack – Fotolia.com (p132), © Dave – Fotolia.com (p132), © ARNAUD JORON – Fotolia.com (p132), © John Mears (p132), © Jean-Michel LECLERCQ – Fotolia.com (p133), © Craig Hanson – Fotolia.com (p132), © JavaJunkie – Fotolia.com (p134), © Andreas Fischer – Fotolia.com (p134). Unit 17 : © Marc Johnson – Fotolia.com (p135), © Stéphane Magnin – Fotolia.com (p125), © matteo NATALE – Fotolia.com (p136), © Jenny Ollerenshaw (p137), © Vyacheslav Osokin – Fotolia.com (p137), © Jenny Ollerenshaw (p137), © richard villalon – Fotolia.com (p138), © bilderbox – Fotolia.com (p139), © patrick NASTRO – Fotolia.com (p139), © Radu Razvan – Fotolia.com (p139), © geronimo – Fotolia.com (p139), © Philophoto – Fotolia.com (p140), © Jenny Ollerenshaw (p141), © Jenny Ollerenshaw (p142), © Viesturs Kalvans – Fotolia.com (p142), © Patrice BOUCHER – Fotolia.com (p143), © Charly – Fotolia.com (p143), © Anton Lukyanenko – Fotolia.com (p143). Unit 18 : © Richard J Thompson – Fotolia.com (p144), © Tommy Ingberg – Fotolia.com (p144), © Michael Flippo – Fotolia.com (p145), © Bartłomiej Hałat – gutek – Fotolia.com (p145), © Valeriy Fomin – Fotolia.com (p146), © Zilotis – Fotolia.com (146), © Kzenon – Fotolia.com (p146), © Real Deal Photo – Fotolia.com (p147), © www.shock.co.ba – Fotolia.com (p148), © iofoto – Fotolia.com (p148), © jimcox40 – Fotolia.com (p149), © Sirena Designs – Fotolia.com (p149), © Saniphoto – Fotolia.com (p150), © Kzenon – Fotolia.com (p150), © Val Thoermer (p151), © Andres Rodriguez – Fotolia.com (p151), © Kzenon – Fotolia.com (p151), © Coka – Fotolia.com (p152), © Real Deal Photo – Fotolia.com (p152), © Hunta – Fotolia.com (p153). © Andres Rodriguez – Fotolia.com (p155).